學分銀行論

楊國富、張瑞、高婷婷、李杰 著

財經錢線

第三代心理學即人本主義心理學。其開創者、美國著名社會心理學家亞伯拉罕·馬斯洛在 1943 年提出：人都有生存與發展的需求。而生存的需求是客觀的、絕對的，是人的基本需求。作為一名普通教育工作者，奉「仰不愧於天，俯不怍於人」為人生圭臬，勤懇、敬業，常反思自己的工作是否合理、科學，為什麼要這樣做，不明之處總想尋找答案，姑且也算堅持終身學習理念。就自身而言，除老師要求完成的作業外，平生並無寫作之妄想，所以考大學、選專業時避重就輕報讀數學（其實不然，學數學也苦）。因無科研、教學壓力，自得其樂也混了大半生。然而，社會在發展，時代在前進，不明之處也越來越多，與年輕有為的碩士、博士、老師等同事們討論獲益很多，相邀將這些學習體會寫下來，全當拋磚。

　　之所以叫「學分銀行論」，其原因有二，一是有「秀」以扯眼球的用意，期望拋出這塊認識淺薄的「磚」，目的在於「引玉」，能夠吸引住仁者、智者們的眼球，以便引出客觀真理的「玉」，求索到滿意的答案。二是所寫內容是對「學分銀行」理論的學習體會。作為對「學分銀行」的一種認識或者觀點，只是一家之言，雖然有沾馬克思《資本論》、亞當·斯密《國富論》等

宏論之光的嫌疑，事實上也努力地試圖理解和自覺運用他們的觀點。這權當是現實社會流行「秀」的炒作手法，如果這樣能「秀」出這些宏論的萬分之一二，那將無功勞也有苦勞。但取其「論」的實際本意，確實是街談巷議的議論，是光華村裡的議論而已，無足輕重。如經社會實踐檢驗，確系淺薄、謬誤之議論，去之則已，重要的是尋求合理的答案。

　　結合自身工作的一點思考、體會，能夠成書，首先要感謝各位領導的關心，特別是出版社各位領導的關心和各位同事、朋友的支持。

　　為彌補自身寫作水平有限的短板，筆者邀請張瑞、高婷婷、李杰三位同事參與部分章節的寫作，使本書增色不少，感謝他們的支持。同時也深感自己學習、認知以及寫作水平有限，不當之處在所難免，望多多包涵，並請批評指正。謝謝！

楊國富

目　錄

第一章　理論基礎與方法及觀點／1
　　第一節　理論基礎與方法／2
　　第二節　基本理論觀點／4

第二章　什麼是教育／11
　　第一節　教育的定義／11
　　第二節　教育的本質／13
　　第三節　教育的目的／16
　　第四節　教育的理論／20

第三章　人的個性化學習需求／22
　　第一節　人的個性化本質／22
　　第二節　人的學習與學習的個性化／26
　　第三節　個性化學習需求／29
　　第四節　教育對學習需求的滿足／30

第五節　個性化學習與教育投入的動因／32

第四章　生產力發展不斷推動教育的發展／40
　　　第一節　教育的歷史特徵／40
　　　第二節　教育對生產力的反作用／51
　　　第三節　現代學校教育制度的產生與發展／55
　　　第四節　傳統學校教育模式的缺失／58

第五章　選課制、學分及學分制的產生／65
　　　第一節　選課制的產生／65
　　　第二節　學分及學分制／67
　　　第三節　學分計量／71
　　　第四節　學分本質、學分標準／78

第六章　學分的概念及其應用／89
　　　第一節　學分的認定與獲得／89
　　　第二節　學分的互認與轉換／97
　　　第三節　學分的存儲與累積／100
　　　第四節　學分的使用與兌換／105

第七章　社會對個性化學習的尊重／107
　　　第一節　工業文明之前社會對個性化學習的
　　　　　　　尊重／107
　　　第二節　工業文明社會對個性化學習的尊重／110

第八章 「學分銀行」教育管理制度 / 120
　第一節　時代的呼喚與要求 / 120
　第二節　「學分銀行」建設的合理性、先進性 / 131
　第三節　國外對「學分銀行」的探索與實踐 / 134
　第四節　中國對「學分銀行」的探索與實踐 / 143
　第五節　「學分銀行」探索與實踐的合理性、
　　　　　先進性判析 / 195

第九章　中國特色學分銀行教育管理制度
　　　　建設 / 205
　第一節　建設目標及任務 / 205
　第二節　「學分銀行」建設構架 / 207
　第三節　「學分銀行」發展路徑與機制 / 210

第十章　中國特色「學分銀行」制度的體驗
　　　　設想 / 216
　第一節　方便的「學分銀行」開戶與學習行為
　　　　　結果的儲存 / 216
　第二節　學分兌換目標查詢與學習行為結果的
　　　　　對比 / 220
　第三節　學分兌取要求的提出與認定 / 223
　第四節　兌取的實現與社會認可 / 225

第一章　理論基礎與方法及觀點

辯證唯物主義（Dialectical Materialism）和歷史唯物主義（Historical Materialism）是馬克思主義哲學的兩大組成部分，它們既是人類看待世界的最根本的、科學的世界觀，又是人類認識、改造世界的一般方法論。它們是關於自然界存在、運動和人類社會發展一般規律的科學，也是人類社會認識和改造世界的最一般的、基本的方法。因此，無論我們是對自然界進行考察、研究與認識，還是對人類社會歷史發展進行考察、研究與認識，都不可能超越人類看待世界的最根本的、科學的世界觀；無論我們是對自然物質世界的實踐與指導，還是對人類社會歷史的實踐與指導，都脫離不了人類認識和改造世界的最一般的、基本的方法論。對「學分銀行」這種教育管理制度的考察、研究、認識以及實踐也不例外，必須堅持馬克思主義辯證唯物觀和歷史唯物觀，並且自覺地運用其考察、研究、認識事物的基本方法。所以，在對「學分銀行」這種教育管理制度的考察、研究、認識的過程中，我們將堅持以馬克思主義的辯證唯物觀和歷

史唯物觀作為理論基礎，並自覺地運用其考察、研究、認識事物的方法作為我們進行研究的基本方法。

第一節　理論基礎與方法

（一）歷史唯物主義

歷史唯物主義是關於人類社會發展普遍規律的科學，是無產階級的歷史觀。歷史唯物主義認為，歷史的所有事件發生的根本原因是物質的豐富程度，社會歷史的發展有其自身固有的客觀規律。它認為：物質生活的生產方式決定社會生活、政治生活和精神生活的一般過程；社會存在決定社會意識，社會意識又反作用於社會存在；生產力和生產關係之間的矛盾、經濟基礎與上層建築之間的矛盾，是推動一切社會發展的基本矛盾；在階級社會中，社會基本矛盾表現為階級鬥爭，階級鬥爭是階級社會發展的直接動力；階級鬥爭的最高形式是進行社會革命，奪取國家政權；社會發展的歷史是人民群眾實踐活動的歷史，人民群眾是歷史的創造者，但人民群眾創造歷史的活動和作用總是受到一定歷史階段的經濟、政治和思想文化條件的制約。歷史唯物主義觀察社會歷史的方法與以前一切歷史理論都不同。它承認歷史的主體是人，歷史不過是追求著自己目的的人的活動而已。但歷史唯物主義所說的人不是處在某種幻想的與世隔絕和離群索居狀態的抽象的人，而是處於可以通過經驗觀察

到的發展過程中的現實的活生生的人。歷史唯物主義認為，現實的人無非是一定社會關係的人格化，他們所有的性質和活動始終取決於自己所處的物質生活條件。只有從那些使人們成為現在這種樣子的周圍物質生活條件去考察人及其活動，才能站在現實歷史的基礎上描繪出人類發展的真實過程。

歷史唯物主義考察問題的方法明確規定，它的研究對象是社會發展的一般規律。與以社會生活某一局部領域、某一個別方面為對象的各門具體社會科學不同，它著眼於從總體上、全局上研究社會的一般的結構和一般的發展規律。它的任務就是為各門具體的社會科學提供歷史觀和方法論的理論基礎。[①] 為此，我們將始終堅持唯物史觀的理論基礎與研究方法。

(二) 辯證唯物主義

辯證唯物主義是馬克思主義的一種哲學理論，它是把唯物主義和辯證法有機地統一起來的科學世界觀，產生於19世紀40年代。它是唯物主義的高級形式。辯證唯物主義認為世界在本質上是物質的。恩格斯說：「世界的真正的統一性在於它的物質性。」[②] 物質是第一性的，意識是第二性的，意識是高度發展的物質——人腦的機能，是客觀物質世界在人腦中的反應。辯證唯物主義認為物質世界是按照它本身所固有的規律運動、變化和發

---

① 王孝哲. 歷史唯物主義新論 [M]. 合肥：合肥工業大學出版社，2011.
② 恩格斯. 反杜林論 [M] // 馬克思恩格斯選集：第3卷. 北京：人民出版社，1995：83.

展的,「事物都是一分為二的」。它揭示了事物發展的根本原因在於事物內部的矛盾性。事物矛盾雙方又統一又鬥爭,促使事物不斷地由低級向高級發展。因此,事物的矛盾規律即對立統一的規律,是物質世界運動、變化和發展的最根本的規律。

第二節　基本理論觀點

（一）歷史唯物主義的基本觀點

馬克思主義唯物史觀經專家學者梳理,有如下基本觀點是我們應該遵循的客觀規律：

第一,生產是一切社會進步的尺度,社會生產力的發展水平,決定人類社會的進程。

第二,與特定生產力發展相適應的生產關係,構成特定的社會形態和經濟結構的現實基礎,它規定著社會形態的主要特徵。

第三,特定的社會形態是特定的經濟基礎和特定的上層建築的統一,經濟基礎的性質決定上層建築的變更。上層建築又積極服務和反作用於經濟基礎。

第四,一切社會制度、社會形態都是人類社會從低級到高級的無窮的發展過程中的一些暫時階段,沒有永恆的社會制度和形態,社會制度的變化是社會基本矛盾發展的結果。社會關係要在一定的物質條件下從舊的社會基礎中成熟,在它們所容納的全部生產力發揮出來之

前，舊的社會形態是不會滅亡的。

第五，現實存在的具體社會形態都是複雜的，人類社會發展的每一個階段都既有占支配地位的社會形態，又存在著其他社會形態的殘余和萌芽。

第六，人類社會的一般總規律是從原始社會到奴隸社會、封建社會、資本主義社會再到社會主義社會和共產主義社會。這是一個自然的歷史發展過程。社會生產力是推動社會歷史前進的根本動力。

第七，人類社會歷史是不以人們的主觀意志為轉移的客觀發展過程，具有一定的規律性。人們研究歷史，探索社會規律，必須要從客觀存在的歷史事實出發，詳細地佔有材料，分析各種發展形態，揭示其內在聯繫，得出相應的結果。

第八，人類社會及其構成成分均以總體的體系方式存在，要從研究對象的整體出發，從研究對象內部的相互作用與矛盾以及研究對象與外部環境的相互作用中進行研究。

第九，在客觀的歷史過程中，一切社會歷史因素都是相互作用的。

第十，人類社會是有規律運動的，由低級向高級發展的，它顯現為歷史發展過程，構成歷史過程的各種社會現象也是運動與發展的。我們要用發展的眼光看待歷史上的一切，用辯證法的觀點去把握對象的本質聯繫與內部矛盾，又要把研究的對象列入一定的範圍之內，具體問題具體分析，從而準確把握對象。

第十一，社會歷史事物的發展變化，有進化（改革）和革命兩種方式。

第十二，社會歷史發展的根源在於其種種複雜的內外部矛盾。

第十三，在客觀歷史進程中，環境創造人，人又創造環境。

第十四，社會歷史的研究，不是一個簡單的消極的反應過程，而是主客體之間相互滲透相互作用的辯證統一過程。[①]

（二）辯證唯物主義的基本觀點

辯證唯物主義基本觀點包含辯證的唯物論、唯物辯證法和辯證唯物主義認識論三部分。具體內容如表1.1所示。

表1.1　　　辯證唯物主義原理、方法論簡表

		世界觀原理	方法論要求
1.辯證唯物論	物質觀	（1）物質性原理：物質不依賴於人的意識而存在，物質決定意識，世界的本質是物質。	要求我們一切從實際出發，反對從主觀出發，反對教條主義和經驗主義。
		（2）意識的能動作用原理：意識對物質具有反作用，正確的意識促進事物的發展，錯誤的意識阻礙事物的發展。	要求我們重視意識的作用，樹立正確的意識，克服錯誤的意識，反對形而上學和唯心主義。
		（3）物質與意識的辯證關係原理：世界的本質是物質，物質決定意識，意識對物質具有反作用。	要求我們一方面堅持一切從實際出發，另一方面要重視精神的力量。

[①] 李秀林. 辯證唯物主義和歷史唯物主義原理［M］. 北京：中國人民大學出版社，2004.

表1.1(續)

		世界觀原理	方法論要求
1. 辯證唯物論	運動觀	(4) 物質與運動的辯證關係原理：物質與運動不可分，物質是運動的物質，運動是物質的根本屬性和存在方式；運動是物質的運動，物質是運動的主體。	要求用運動、變化、發展的觀點看問題，反對離開物質談運動的唯心主義和離開運動談物質的形而上學。
		(5) 規律的客觀性原理：規律是客觀的，它不以人們的意志為轉移，既不能消滅也不能創造，違背規律要受到懲罰。	要尊重客觀規律，按客觀規律辦事，實事求是；反對主觀主義。
		(6) 人與客觀規律的關係原理：規律是客觀的，不以人的意志為轉移；但人有主觀能動性，可以認識和利用規律。	把尊重客觀規律和發揮主觀能動性結合起來，堅持實事求是和解放思想的統一。
2. 唯物辯證法	聯系觀	(1) 事物的普遍聯繫原理：聯繫是普遍的，又是客觀的。所謂聯繫是指事物內部各要素之間相互影響和相互制約的關係。	對事物的聯繫進行具體的分析。
		(2) 因果聯繫原理：因果聯繫具有普遍性、特殊性、多樣性。	
		(3) 整體與部分的關係原理：一切事物都是由各個局部構成的有機聯繫的整體，局部離不開整體，全局高於局部。	辦事情要從整體著眼，尋求最優目標；搞好局部，使整體功能得到最大體現。

第一章　理論基礎與方法及觀點　7

表1.1(續)

		世界觀原理	方法論要求
2 唯物辯證法	矛盾觀	(4) 矛盾的普遍性原理：矛盾是普遍的，又是客觀的。矛盾是事物自身所包含的既對立又統一的關係。事事有矛盾，時時有矛盾。	一分為二、全面的觀點，堅持「兩分法」，反對「一點論」（自由和紀律、速度和效益、市場機制和宏觀調控）。
		(5) 矛盾的特殊性原理：矛盾著的事物及其每一個側面都有其特點。	具體問題具體分析。
		(6) 矛盾的普遍性和特殊性原理：二者是共性與個性的關係，相互聯繫，在不同的場合可以轉化。	遵循從特殊到普遍，再由普遍到特殊的認識順序，反對形而上學。
		(7) 主次矛盾關係原理：主次矛盾相互影響、相互制約，主要矛盾處於支配地位，起著決定作用，次要矛盾反過來影響主要矛盾的發展和解決，二者在一定條件下可以相互轉化。	看問題、辦事情，既要善於抓重點，又要學會統籌兼顧；反對「眉毛胡子一把抓」和「單打一」。
		(8) 矛盾的主次方面關係原理：事物的性質主要由取得支配地位的矛盾的主要方面決定，矛盾的次要方面對事物的性質也有一定的影響，二者可以相互轉化。	看問題、辦事情，既要力求全面，又要分清主流和支流。
		(9)「兩點論」與「重點論」相統一的原理：主次矛盾和矛盾主次方面相互聯繫，要求我們堅持「兩點論」與「重點論」的統一。「兩點」是有重點的兩點，「重點」是兩點中的重點，不可分割。	把「兩點論」和「重點論」統一起來，看問題、辦事情既要力求全面，又要善於抓住重點和主流。反對「一點論」和「均衡論」。
	發展觀	(10) 事物是變化發展的原理：整個世界處在永不停息的運動變化發展中。所謂發展就是新事物的產生和舊事物的滅亡，即新事物代替舊事物。	用發展的觀點看問題。要把事物如實地看成一個變化發展的過程；要弄清事物在其發展過程中所處的階段和地位；要有創新精神。
		(11) 原因──內外因辯證關係原理：事物的發展是內外因共同起作用的結果，內因是事物變化發展的根據，外因是條件，外因通過內因起作用。	堅持內外因結合。

表1.1(續)

		世界觀原理	方法論要求
2.唯物辯證法	發展觀	(12) 狀態——量變和質變的關係原理：事物的發展首先從量變開始，量變是質變的前提和基礎；質變是量變的必然結果，事物不斷經過量變—質變—新的量變—新的質變而發展。	堅持適度原則；不失時機地促成事物的飛躍；重視量的累積。
		(13) 趨勢——前進性與曲折性相統一的原理：事物發展的總趨勢是前進的，道路是迂迴曲折的，是前進性與曲折性的統一；前途是光明的，道路是曲折的。	準備走曲折的路。正確對待人生中的挫折和社會主義事業中的困難。
3辯證唯物主義認識論	認識論	(1) 實踐的觀點：實踐是人們改造客觀世界的一切活動，實踐有三個特點，實踐是主觀見之於客觀的活動。	樹立「實踐第一」的觀點，積極參加實踐，反對唯心主義和形而上學。
		(2) 實踐與認識的辯證關係原理：實踐是認識的來源、最終目的、根本動力、檢驗認識正確與否的標準。科學理論對實踐有巨大的指導作用。	堅持「實踐第一」的觀點，重視科學理論的指導作用，堅持理論與實踐相結合的觀點，反對形而上學和唯心主義。
		(3) 現象與本質的辯證關係原理：現象是個別的、易逝的東西，本質是事物內在的根本性的東西。現象是本質的表現，本質總要表現為現象。	要求我們透過現象看本質。
		(4) 感性認識與理性認識的辯證關係原理：感性認識是對事物現象的認識，理性認識是對事物本質和規律的認識，理性認識是更高級的認識，正確的理性認識對實踐活動有巨大的指導作用。因而認識的根本任務是促使感性認識上升為理性認識。	把感性認識上升為理性認識。

表1.1(續)

		世界觀原理	方法論要求
3.辯證唯物主義認識論	認識論	(5) 認識的辯證發展過程原理：認識是無止境的。從深度上講，認識需要不斷深化；從廣度上講，認識應不斷擴展；從變化上講，認識必須向前推移。	要求我們在實踐的基礎上深化、擴展認識，把認識向前推移；反對滿足現狀、不求甚解的觀點。
		(6) 分析與綜合相結合的原理：實現認識的根本任務，進行思維的過程就是運用分析與綜合相結合的科學思維方法的過程。二者不可分。	在實際工作中，培養科學的邏輯思維方法，既要在綜合指導下進行深入分析，又要注意在分析基礎上的綜合，堅持二者結合而不割裂。

第二章　什麼是教育

第一節　教育的定義

　　什麼是教育？在教育學領域，給「教育」的定義較多。傳統上，人們把學習培養、教育培養、訓練培養、資助培養等事物都看成是教育。然而，還另有一種大得多的教育概念，即宏觀的教育概念。它既包括了基本概念的教育、訓練、學習等可以直接影響人的素質、能力的一類活動，還包括那些雖然不能直接影響人的素質、能力，卻可以對前一類活動的進行起到幫助、促進作用的活動，這也就是人們所說的培養活動。

　　在中國，「教育」一詞最早出現在《孟子·盡心上》：「君子有三樂，而王天下不與存焉。父母俱存，兄弟無故，一樂也；仰不愧於天，俯不怍於人，二樂也；得天下英才而教育之，三樂也。」《說文解字》：「教，上所施，下所效也」；「育，養子使作善也」。而真正現代

意義的「教育」一詞是20世紀初從日語轉譯而來的。

在國外，教育來源於拉丁文educate，其大概意思為「引出」或「導出」，就是通過某種手段，把本來潛在於身體和心靈裡的東西引發出來。詞源上西文「教育」是「內發」之意。教育是一種順其自然的活動，目的是把人所固有的或潛在的素質，從內向外引發出來成為現實。

對於教育，大體上可分為兩個不同的角度進行定義，即從主要關注個體的角度和主要關注社會的角度對教育進行定義。當生產力較為落后，人的社會化程度要求不高時，更多的是從個體的角度考慮。隨著人類社會從農耕文明向工業文明時代的發展，社會分工的不斷細化對人的社會化、專業化要求越來越高，而個體的專業化程度越高，個體對社會的依存度也越高，即個體的社會化程度也越高。這時，從社會的角度對教育給出定義就成為必然。因此從社會的角度看，教育是有意識地以影響人的身心發展、培養人為目的的，在一定社會背景下發生的促進個體的社會化和社會的個體化的實踐活動。從狹義的角度看，一般指學校教育，它是教育者根據其社會（或階級）的要求，有目的、有計劃、有組織地對受教育者的身心施加影響，將他們培養成為特定社會（或階級）所需要的人的活動。從廣義的角度看，只要是增進人們的知識、技能和影響人們的思想品德的活動，都是教育。

第二節　教育的本質

教育的本質是指貫穿於一切教育之中，從古至今，只要有教育活動就存在、永遠起作用的、穩定的、普遍的規律。

（一）教育是人類社會特有的一種社會現象

馬克思主義教育學認為教育是一種社會現象，是人類特有的活動，即教育是人類社會特有的一種社會現象。所謂教育本質，就是指教育作為一種社會活動區別於其他社會活動的根本特徵，即「教育是什麼」的問題。它反應出教育活動固有的規定性也即其根本特徵。教育一般是用我們已經掌握了的關於我們的對象及對象關係的知識，教給新的個體以應付對象的方式方法。它以一種意識改變另一種意識，以意識之間的碰撞、磨合、滲透及變革為目的，是一種意識覆蓋乃至消除另一種意識的、可能令個體產生痛苦的過程。由於任何兩個個體所面臨的對象均有不同，從不同對象中得來的意識之間就具有差異性或衝突性。教育通過改變個體的意識空間來改變個體的選擇指向。人類通過教育增大了個體的意識空間，從而找到了個體選擇對象的方式方法的捷徑。人類的文化成果通過教育者附著在個體的意識當中，塑造了新的個體，為個體關於未來的指向提供了透視器和顯微鏡。

在動物界尤其是高等動物界的代與代之間雖存在著

類似於人類的「教育」和「教」與「學」現象，但這兩種表面類似的現象在本質上是不同的。

第一，所謂動物的「教育」和「教學」完全是一種基於生存本能的自發行為，而不是后天的習得行為。

第二，動物沒有語言，不具備將個體經驗累積起來向他人傳遞的能力。

第三，所謂動物教育的結果無非是小動物適應環境，維持生命，並獨立生存，而人類教育的結果遠遠不止於此。教育是人類特有的一種有意識的活動。動物只擁有生命物質最基本的反應形式即被刺激感應性和動物的心理，只有人才是有意識的。人能通過抽象的理性思維反應事物的本質和規律。

人類教育中無論是生產經驗的傳授，還是社會行為規範的教導，都不是產生於人的本能需要，而是人們意識到的社會需要，在明確意識的驅動下產生的有目的行為。

教育是人類社會特有的傳遞經驗的形式。人類有語言和文字，借助語言文字的信息載體功能，不僅可使人類的經驗存在於個體系統之中，也可以存在於個體意識之外，脫離每個個體而獨立存在；不僅可使人類獲悉感官所及範圍之內的經驗，而且可超越時間限制和空間地域的阻隔，從過去到現在，從宏觀到微觀，全社會全人類的所有財富都可以為人類所掌握。人類傳遞經驗的這一特點也證明了教育是一種社會現象。

教育是有意識的以影響人的身心發展為目標的社會

活動。教育活動是有意識的以人為直接對象的社會活動，它不同於其他以物質產品或精神產品的生產為直接對象的社會生產活動。教育與其他有意識的以人為直接對象的活動還有區別，教育是以對人的身心發展產生影響為直接目標的。這樣就把教育活動和以保護人的身心健康、抵禦疾病對人的身心危害的醫療活動，以及以滿足人的各種需要為目標的社會服務活動區別開來了。

(二) 關於教育本質的主要觀點

把教育與本質聯繫起來是20世紀30年代的事，比如，楊賢江根據馬克思主義教育觀，對當時的「教育神聖說」「教育清高說」「教育中正說」「教育獨立說」進行了批評，認為教育本質上是「觀念形態的勞動領域之一，即社會的上層建築之一」。新中國成立后，有關教育本質的探討大致經歷了三個階段。第一階段（20世紀50年代初至1976年）：教育本質的「一」，即「上層建築說」這一種聲音。第二階段（1977—1988年）：教育本質的「多」，即「上層建築說」「生產力說」「雙重屬性說」「多種屬性說」「特殊範疇說」「社會實踐活動說」「培養人說」「相對說」等教育本質說的紛爭。第三階段（1989年至今）：對教育本質「多」的反思與新說的闡發。目前，關於教育的本質主要有以下5種觀點：

第一，上層建築說。它認為教育是社會的上層建築。理由：教育是觀念形態文化，其性質、變化受社會經濟基礎決定並為經濟基礎服務；教育有受生產力制約的因素，但要通過經濟基礎的仲介作用。

第二，生產力說。它認為教育是生產力，教育能生產勞動力，是勞動力的再生產；教育事業發展規模與速度以及教學內容、手段、形式受生產力制約；教育有受生產關係決定的因素，但一切生產關係和上層建築歸根究柢都由生產力決定。

第三，雙重屬性說。它認為教育既具有生產力屬性，又具有上層建築的屬性。

第四，複合現象說。它認為教育在本質上具有「多質性」，有上層建築性質、生產力性質，有為階級鬥爭服務、為發展經濟服務、傳遞文化和促進人的發展等功能。

第五，社會實踐說。它認為教育是培養人的社會實踐活動，或者是促使個體社會化的活動；認為認識教育的本質，不應將其歸屬於某一範疇，而應以自身的規定性立論。

但從不同時期的教育制度都不同程度地體現著上層建築的意志來看，以上五種觀點都脫離不了社會的上層建築，或者說教育的本質是離不開上層建築的。

第三節　教育的目的

人類為了其生存的需要以及生活素質的不斷提高，大多數的活動都是在一定的目的指導下進行的。教育作為人類社會所獨有的一種活動，當然也不例外。因此，所謂教育的目的，指人們在接受教育之前就已經在腦海

中存在的，通過教育要達到的預期結果，反應教育對在人的培養規格標準、努力方向和社會傾向性等方面的要求。廣義的教育目的是指對教育活動具有指向作用的目的領域，含有不同層次預期實現的目標系列。狹義的教育目的特指一定社會（國家或地區）為所屬各級各類教育人才培養所確立的總體要求。

（一）教育目的的定義

教育目的是由人提出和制定的，體現著人的主觀意志。由於人們對教育持有不同的價值觀，因而在制定教育目的的依據等問題上便形成了不同的主張。廣義的教育目的是指人們對受教育的期望，即人們期望受教育者接受教育后身心各方面產生怎樣的積極變化或結果。在一定社會中，凡是參與或關心教育活動的人，如教師、家長、政治家、科學家、藝術家等，對受教育者都會有各自的期望，也就是說都會有各自主張的教育目的。狹義的教育目的是指一個國家為教育確定的培養人才的質量規格和標準，是社會通過教育過程要在受教育者身上形成它所期望的結果或達到的標準，它特指一定社會（國家或地區）為所屬各級各類教育人才培養所確立的總體要求。

教育目的作為整個教育活動的出發點和歸宿點，體現了教育主體行動的原因和意圖，既反應了社會對教育所要造就的社會個體的質量規格的總的要求和設定，也反應了個人通過教育活動獲得某種發展的願望與要求，它是在個人發展與社會發展之間進行的一種價值選擇。

(二) 教育目的的功能

教育目的的功能，即指教育活動的功效和職能，是指教育根據它自身的結構特點及教育在整個社會系統中所處的位置而產生的對其他社會子系統的作用和影響，就是回答「教育幹什麼」的問題。

第一，定向功能。任何社會的教育活動，都是通過教育目的才得以定向的。具體體現為：一是對教育社會性質的定向作用，即對教育「為誰培養人」具有明確的規定。二是對人的培養的定向作用。三是對課程選擇及其建設的定向作用。四是對教師教學的定向作用。諸如教育制度的建立、教育內容的選擇以及教育過程所採用的方法和手段，都必須按照教育目的去進行。如果教育工作偏離了教育目的，就達不到預定的教育結果。

第二，調控功能。人類社會發展至今，可供學生學習的知識和經驗繁多複雜，需要培養的技能技巧多種多樣，需要發展的智力能力有諸多方面。有了教育目的，就為教育內容的選擇確定了基本範圍，保證了教育能夠科學地對人類豐富的文化做出有價值的取捨。同時，教育目的也為選擇相應的教育途徑、方法和形式提供了依據。

教育目的對教育活動的內容和形式的調控作用主要通過以下方式進行：一是通過價值的方式來進行調控。這一點主要體現在對教育價值取向的把握上。二是通過標準的方式來進行調控。三是通過目標的方式來進行調控。

第三，激勵功能。教育目的是對受教育者未來發展結果的一種設想，具有理想化的特點，這就決定了它具有激勵教育行為的作用。它不僅激勵教育者通過一定的方式，把教育目的和培養目標轉化為學生的學習目的，也激勵受教育者自覺地、積極地參與教育活動。在教育活動中，只有當受教育者意識到教育目的對自身未來成長的要求或意義時，才能把它作為努力方向，不斷地按照教育目的的要求發展和提高自己。

第四，評價功能。教育目的不僅是教育活動應遵循的根本指導原則，也是檢查和評價教育活動的重要依據，既為教育活動指明了方向，又為檢查和評價教育活動的質量提供了衡量尺度和根本標準。因為一種能夠實現的教育目的，總是含有多層次的系列目標，這使得它對教育活動不僅具有宏觀的衡量標準，還具有微觀的衡量標準。依據這些標準，能夠對教育活動的方向和質量等做出判斷，評價教育活動的得與失：一是對價值變異情況的判斷與評價；二是對教育效果的評價。教育目的無論是過程性評價還是終結性評價，都必須以教育目的為根本依據。同時，教育目的只有具體體現在學校教育各個評價體系中，才能發揮其定向和調控功能。

教育目的的上述功能，是相互聯繫、綜合體現的。每一種功能的作用，都不是單一表現出來的。定向功能是伴隨著評價功能和調控功能而發揮的，沒有評價功能和調控功能，定向功能難以發揮更大作用；而調控功能的發揮需要以定向功能和評價功能作為依據；評價功能

的發揮也離不開對定向功能和激勵功能的借重。在現實教育中，應重視和發揮教育目的的這些功能，對其的合理把握在於對教育目的的理解的深刻性和全面性。

第四節 教育的理論

從19世紀40年代起，馬克思和恩格斯的許多著作就提出了馬克思主義教育觀的初步原理，比如《資本論》第1卷第13章、《德意志意識形態》第1卷第1部分、《哥達綱領批判》第4部分、《共產主義基本原理》。正是在這一基礎上逐步形成了較系統的教育理論。十月革命及其對馬克思主義教育實踐的需要，大大推動了這一理論的發展。該理論的主要組成部分有以下幾點：

第一，對所有兒童一律實行義務性的免費公共教育，以確保消滅文化或知識的壟斷、消滅教育的種種特權。在最初的表述中，這只能是一種由各種公共機構所辦的教育。當時之所以這樣提，是為了防止工人階級所處的惡劣的生活條件阻礙兒童的全面發展。后來，又明確地提出了其他目標，比如必須削弱家庭在社會再生產中的作用，必須根據平等的條件來培養兒童，必須利用社會化的群體力量。無疑，最成功的革命教育實驗，從馬卡連柯學校到古巴的學校，都是按照社會化的方案來進行的。

第二，教育與物質生產相結合（或用馬克思的話來說，就是把智育、體育和生產勞動結合起來）。這裡所包

括的目標，既不是進行較好的職業訓練，也不是反覆灌輸職業道德，而是通過確保人人充分瞭解生產過程來消滅體力勞動與腦力勞動之間、觀念與實踐之間歷史上形成的差距。這一原則在理論上的正確性雖然被人們廣泛承認，但其實際運用中出了許多問題（許多半途夭折的或只是部分獲得成功的試驗就證明了這一點），這在科學技術迅速變革的條件下，尤其如此。

第三，教育必須確保人的全面發展。隨著科學與生產的結合，人才成為完全意義上的生產者。在這一基礎之上，所有的人無論男女，其潛力都能得到施展。這樣將出現一個能夠滿足普遍需求的世界，使個人在消費、娛樂、文化的創造和享受、社會生活的參與、人際交往以及自我實現（自身創造）等社會生活的各個方面充分施展才能。這一目標的實現，特別需要改變社會分工，而這是一項艱鉅的任務，迄今僅處於開創階段。

第四，社會在教育過程中被賦予新的巨大作用。學校的內部集團關係的這種改變（從競爭轉向合作和支持）意味著學校與社會之間的關係將變得更為開放，並以教與學的相互促進和積極配合作為前提。

上述理論並不是完美無缺的，該理論以及由該理論指導的實踐仍然存在一些問題，比如人的個性問題；「本性與教養」的問題；學校和教育在流行的社會決定論範圍內創新的可能性；教育的內容、方法、結構在促進社會變革中的相對重要性，等等。目前，仍有很多學者在對該理論進行研究並逐步地進行完善。

第三章　人的個性化學習需求

　　人類是由不同的個體構成的，從古至今，每一個特定的人都不同於任何他人，這是客觀事實。特定的人與任何他人進行比較，無論他（她）們是否同胞胎、長相多麼相似，都存在著各種差異之處。這些通過比較而呈現出的各種差異是區別不同個體的人的根本方法，問題是我們是否能認知其差異之處及其差異程度。

第一節　人的個性化本質

一、人的個性

　　在人類社會環境中，人的個體差異性是無可否認的客觀事實。美國社會學家弗洛姆曾經講，人並不是「一般地」存在著……他的性格、氣質、天資、性情正是他區別於其他人的地方。因此，我們通過人的個體差異性可以區別男人和女人，因為他（她）們有不同的性別特徵差異；我們可以分別白人、黑人，是因為他們的皮膚

有黑、白的差異；我們可以區別兄弟姐妹，是因為他（她）們有高矮、胖瘦等差異；就多胞胎的兄弟姐妹而言，其父母總是能夠根據其不同的差異，分辨出老大、老二、老三等，只是別人不知道其差異而已。這些人的個體生理因素方面的差異決定了特定的人不同於他人的生理特徵。還有社會環境因素方面的差異：如有人喜歡吃辣味、吃甜味、吃面食、吃米飯；有的喜歡留長髮、板寸；有吳儂軟語、南腔與北調等等，這些由社會環境差異造成的個體差異也是區別不同個體人的標準與方法。概括地看，無外乎生理的和社會環境影響造成的差異。正如美國總統羅斯福講的，「個性的造就由嬰孩時代開始，一直繼續到老死」。

因此，如果我們把**個體的人在與他人比較而呈現出所特有的差異這種性質，叫做人的個性**的話，那麼，人的個性首先具有絕對性。因為生理或者社會環境因素影響導致特定的人所具有的各種特徵是客觀存在的。這些特徵在與他人的比較過程中呈現出不同的差異，是個性的體現。比較過程中呈現出的相同特徵是共性的體現。因此，共性是相對的。例如：黃皮膚、黑頭髮，相對於不同的人種來說，是中國人或者亞洲人的個性，但相對於中國人來看，則是共同的特徵、是共性。黃皮膚、黑頭髮是每個中國人或者亞洲人所具有的客觀存在的特徵，是共性。共性是相對於個性來說的。個性是具體的，而共性是抽象概括的，共性體現在個性之內，兩者是辯證統一的。文學家通常擅長描寫人的個性特徵，他們抓住

人的最本質、最生動、最具代表性的特徵塑造了一個個生動的人物形象，如《紅樓夢》中潑辣凶悍的王熙鳳和多愁善感的林黛玉等個性各異的人物，因其不同的個性而在文學作品中閃耀著各自的光芒，散發出不同的魅力。

人的個性，在心理學領域叫人格，指一個人與社會環境相互作用而表現出的一種獨特的行為模式、思維模式和情緒反應的特徵，也是一個人區別於他人的特徵之一。

二、人的個性來源

就人的個性的本質來源看，應有兩個方面因素：一是人從生命誕生開始就由其基因的不同組合決定了其生理差異性，這是后天的環境影響所不能改變的差異，如體育、藝術的拔尖人才，其天生的運動、藝術生理才能，是后天的訓練無法獲得的。二是人從生命誕生開始所處的社會環境就不同，時間、空間都存在著不同的差異，導致其對客觀存在反應的差異。如受過現代社會教育的人與原始社會的人的生活方式就存在巨大的差異，比如洗臉、漱口、洗手、洗澡；八小時工作制；汽車、地鐵、飛機；團購、網路等，導致現代人的生活行為方式與古人大不相同。這是社會環境的差異性決定了人的差異性。因此，**人的個性來源是由其生理差異性和社會環境的差異性決定的。**

三、人的個性與共性都是社會化的結果

人的差異性是通過比較而得到的,沒有比較就沒有差異,那麼與誰比較呢?肯定是與社會中的其他人進行比較,當特定的人(人群)與社會中的其他人進行比較時,特定的人(人群)就成了社會的一員(一部分),這時特定的人就具有相應的社會性質了,因此**人的個性的本質就是人的社會性**。如果人脫離了社會,沒有人與人的交往,就沒有人的個性。嬰兒出生時還只是個體,還不具有個性。人的個性是人個體社會化的結果。人的個性是相對於人的共性來說的,沒有人的共性就沒有人的個性,這是人這一客觀事物的兩個方面,相互依存而對立統一。比如人的生物共性有呼吸、飲食、休息等。同理,人的共性也是通過社會中的人與人進行比較而得到的,因此**人的共性的本質也是人的社會性**。因此,人的個性與共性都是社會化的結果。只是人的個性是具體的、客觀的、絕對的,共性是相對的、抽象的、概括的。

四、人的個性化

我們把**個體的人在社會比較過程中特有的差異這種性質叫做人的個性**。人的個性的內涵有其有利的因素與不利的因素。比如,基因決定了某一個體的人身材高大、有良好的運動素質,有利於打籃球,那麼我們就應該尊重並發展其個性,將其培養成優秀的籃球運動員。另一種可能是基因決定了某一個體的人得某種疾病的可能性

較大，不利於在某一些環境下生存，那麼我們就應該抑制這種疾病的誘發因素，讓其遠離相應的環境。這是從生理差異性角度考慮的。同樣，從社會環境的差異性角度考慮，對於有利於社會或者說不危害社會的個性，我們應該尊重並發展其個性。而對於不利於社會或者說危害社會、妨礙他人的個性則應該加以抑制和限制。人類社會尊重並發展不危害人類社會的人的個性的行為叫人的個性化。

因此，人的個性化是指：在不危害、妨礙社會（他人）的前提下，尊重和發展人的個性的社會化行為。這應該是人的個性化的本質。有了人的個性化本質，人們展現自我的個性，體現自我的社會價值等各種個性化行為才有其合理性。各種各樣的個性化需求：個性化穿著、個性化食物、個性化用品、個性化禮品、個性化飾品、個性化手機、個性化家電、個性化電腦、個性化網站、個性化簽名、個性化婚禮、個性化旅遊，以及高度發達的個性化社會等，使得人的個性化需求能夠得到尊重與滿足。

第二節　人的學習與學習的個性化

自然的人有兩大基本需求：第一個是生存的需求，第二個是發展的需求。只有當人的生存需求得到滿足之后，人才會尋求得到進一步的發展。

一、人的學習

　　無論是為了滿足生存的需求還是為了滿足發展的需求，自然的人從出生開始就自覺不自覺地在進行著學習，這些學習包括動物本能性的如觀察、模仿、行動等的學習以及人類社會特有的語言、文字、音樂等人類社會行為的學習。人從初生的嬰兒開始，到小學、中學以及大學，直至進入社會，都在不斷地學習來自於家庭、學校、社會等方方面面的知識。這些自覺與不自覺的學習，都是為了滿足生存與發展的需要。例如：小孩學習使用筷子，是因為他吃食物時需要；學習走路，是因為他需要與小朋友玩耍；學習語言，是因為他有表達意願的需要。雖然這些學習是在他們無意識的情況下自然發生的，但終歸是隨著他們有自發的生存需要而產生的。所以我們在鼓勵學習者學習時，要盡可能地創造學習環境，激發學習者的學習需求，讓學習者更多地自己動手解決問題。如果我們隨時都安排好孩子的飲食起居，讓其能隨時輕鬆滿足這方面的需要，孩子就沒有學習這方面技能的需求，以后就會缺乏獨立生活的能力。學校正規的學習內容，更多的是社會的需要和要求，要盡量地將社會的需要和要求轉化為學習者自身的學習需要和要求，這樣才能激發學習者的學習積極性、主動性。學習者向社會學習的道理也一樣：隨著學習者的成長，自身意識的增強，逐步地將社會需要與要求同自我學習的需要與要求進行內化統一，增強了自身學習的積極性與控制力。因此，

人要學習,其內在原因是自身生存的需求和發展的需求。發展的需求包括自身發展的需求與社會發展的需求。自身發展的需求是在社會的比較下,期望自身能夠發展得更好;社會發展的需求是社會期望每一個個體都發展得更好,社會也就會發展得更好。

二、學習的個性化

人在其生存與發展的社會化過程中需要不斷地學習,由於其生理的差異與社會環境的差異,導致他們在生存與發展的社會化成長過程中的學習也有其共性與個性。對於特定個體人的學習而言,他們在進入正規學校的學習以前的學習,由於其生理基因的差異性,決定其學習能力的差異性,所以其學習是個性化的,雖然他們的學習也有其共性,如語言的學習、生存能力方面的學習等共性的內容,但從其學習形式、內容的不統一,時間、空間的不統一來看,主要是個性化的學習,這個時期的學習更多地體現自我生存的個性化學習需求。進入正規學校以後,由於學習內容相對統一,時間、空間也相對統一,所以,這一時期的學習以共性化的學習為主,個性化的學習相對少一些。這個時期的學習,主要體現社會對個體的共性學習要求。同樣,當人走出學校以後,由於其自身學習能力的差異,職業、職務等社會環境的差異,導致他們的學習又以個性化的學習為主。這個時期的學習主要體現在自我的社會生存、發展需求方面。但是,不管人在哪一個時期,其個性化與共性化的學習

都同時存在，只不過是共性與個性學習的多與少的問題，是矛盾的不同方面。例如：蒸汽機原理的發現及運用，對瓦特及其前人來說，認識這一原理的學習過程是個性化的，但對現代人來說，認識這一原理就成為生活、生產的基本常識，是共性學習的內容。學習的共性存在於學習的個性之中，學習的共性是學習個性的社會化抽象；學習的個性是本原的客觀存在，個性化的學習是共性學習的前提，沒有個性的學習，就不可能有共性的學習。就特定個體的人來看，符合自身客觀實際的個性化學習需求是人的根本學習需求。

第三節　個性化學習需求

個體的人在其生存與發展的社會化過程中有不斷學習的需求，由於其生理與社會環境的差異，他們在學習過程中，符合自身客觀實際的個性化學習需求是其根本的學習需求。也就是說，**學習者的個性化學習需求是客觀的、絕對的、值得尊重的學習需求**。這些個性化的學習需求，在存在其自身的生理與所處環境差異的客觀前提下，有的可以得到很好滿足，有的可以得到較好滿足，有的可以得到基本滿足，而有的是不能得到滿足的。人的個性化學習需求可以得到不同程度的滿足甚至完全不能滿足，這是由其自身生理與所處社會環境差異性決定的。例如，有較好的嗓音條件又有能夠進行音樂系統學

習的社會環境與能力，那麼，其成為歌唱演員的學習需求能夠較好地得到滿足；有較好的嗓音條件而沒有進行音樂系統學習的社會環境與能力，其成為歌唱演員的學習需求將難以得到滿足。因此，對學習者學習需求的滿足程度，其實質就是在尊重學習者的生理客觀個性的前提下對其個性化學習的滿足程度，即：學習者的學習需求的實質是學習者的個性化學習需求。它說明了：**人在其生存與發展的社會化過程中不斷產生的個性化學習需求是客觀的、絕對的、值得尊重的**。在這個過程中，共性化的學習需求是相對的，是社會化所要求的。

第四節　教育對學習需求的滿足

既然人在其生存與發展的社會化過程中不斷產生的個性化學習需求是客觀的、絕對的、值得尊重的，就有必要滿足這些個性化學習需求，這就是教育的功能問題。在教育學裡面，教育的最基本或者說首要功能是什麼？是促進個體的發展，包括個體的社會化和個性化。如果說這個回答顯得抽象了一些，那麼更通俗的說法就是：教育的最基本或者說首要功能是滿足學習者的個性化學習需求。在與不同的人類生產力發展水平對應的社會時期，教育對個性化學習需求的滿足形式與程度有所不同。在原始社會時期，學習者對生存能力的個性化學習需求，主要通過父兄長輩的「傳幫帶」得到一定程度的滿足；

在手工業生產時期，學習者對勞動技能的個性化學習需求，主要從師傅的「言傳身教」中得到一定程度的滿足；在工業化生產時期，學習者對勞動技能的個性化學習需求，主要從教師的「傳道授業解惑」中得到一定程度的滿足；在研究型、創新型社會時期，學習者的個性化學習需求，則要在更多的研究、發明、創新的社會實踐活動中得到滿足。而不同時期的教育形式、內容、制度等，對學習者個性化學習要求的滿足程度是不同的。在生產力水平較低、社會化程度較低時期，對學習者個性化學習要求的滿足程度也較低；在生產力水平提高、社會化程度提高的不同時期，對學習者個性化學習要求的滿足程度也在不斷地提高。

原始社會對學習者個性化學習要求的滿足程度極其低下，主要依賴父兄長輩的「傳幫帶」和個體的勞動實踐；奴隸社會中只有奴隸主貴族的子女才能上學；封建農耕社會雖然已有耕讀的文化與私塾，也只有少數人能夠得到接受教育的機會；在工業文明社會時期，人類社會才開始逐步建立義務教育制度，隨著社會生產力水平的發展，中小學義務教育逐步普及，中國的大學教育也從精英教育走向了大眾教育。因此，**隨著社會生產力水平發展、社會化程度的提高，教育對學習者個性化學習需求的滿足程度也在不斷提高。**

第五節　個性化學習與教育投入的動因

人為什麼要主動、自覺地進行個性化學習？是因為人的學習會給滿足自身的生存與發展需求帶來好處。小孩學習使用刀叉、筷子，會帶來有利於獲取食物的好處；對語言的學習，可以帶來有利於交流、玩耍的好處。人對各種知識、技能的學習，可以給滿足自身的生存與發展需求帶來各種好處。

一、個性化學習的動因

人類社會進入商品生產社會以後，商品生產成為社會經濟活動的主要形式和創造社會財富的主要方式，社會財富的創造和累積也主要表現為商品價值的創造和累積。根據馬克思勞動創造價值的理論，商品是用於交換的勞動產品，商品的價值由社會必要勞動時間決定。商品價值包括兩方面：生產資料價值轉移而形成的價值和活勞動創造的新價值。活勞動是創造價值的勞動，是價值的唯一源泉。活勞動作為新的勞動，本身不但物化成新的價值，還保存了原先存在於生產資料的價值並將其轉移到商品中。馬克思把活勞動的這種功能稱為它的「自然恩惠」[1]。只有商品生產的活勞動才創造價值，相

---

[1] 馬克思恩格斯全集：第23卷 [M]．北京：人民出版社，1972：665.

對於社會勞動凝結物的勞動手段和勞動對象是物化勞動，只能轉移價值，而非勞動生產要素在價值創造中也有其相應的作用。

活勞動是人的勞動，單位時間裡活勞動創造價值的多少就是人的勞動效率，勞動效率高，在單位時間內創造的價值多，理應得到更多的工資回報。勞動效率的高低有賴於人的知識、技能掌握的熟練程度，而知識、技能掌握的熟練程度與人的個性化學習累積成正相關關係。因此，在商品生產社會中，人的勞動生產工資回報與人的個性化學習累積成正相關關係。人的個性化學習累積越多，在單位時間內創造的價值就越多，理應得到更多的工資回報。這就是作為商品生產社會中的勞動者的人，為什麼要不斷地主動、自覺地進行個性化學習的動因。

二、教育投入的動因

作為上層建築的國家、政府為什麼要主動、自覺地對教育進行投入？是因為對教育進行投入會給社會經濟的發展帶來各種好處。

世界上第一個實施義務教育的國家是普魯士王國，1717年普魯士王國開始實施義務國民教育，1809年洪堡就職普魯士最高教育長官，對普魯士的教育制度進行改革，為普魯士建設高素質的軍隊、為德國的統一和在歐洲乃至世界的崛起奠定了堅實的基礎，成為以後德國兩百年間科學、技術、文化發展的基石。在1810年成立的第一所新體制的大學——柏林大學，影響了全世界各國

的高等教育發展。

　　1868年，日本開始明治維新，政治改革建立君主立憲政體，經濟改革推行「置產興業」，學習歐美技術，推進工業化浪潮，提倡「文明開化」，大力發展教育，在亞洲率先實施義務國民教育，使日本成為亞洲第一個走上工業化道路的國家，逐漸躋身世界強國。

　　1945年，第二次世界大戰結束后，作為戰敗國的德國和日本遭受了沉重的打擊，普遍認為，這兩個國家的經濟要很久才能恢復原有水平。而事實上，在10多年時間裡，德國和日本就奇跡般地恢復了。20世紀60年代以後，兩國繼續以強大的發展勢頭趕超美、蘇，最終的經濟實力上升到世界第二和第三位置，這是傳統經濟學不能解釋的一大謎題。

　　就傳統經濟學觀點而言，國民財富的增長與土地、資本等要素的耗費應該是同時進行的，或者說同比例增長的，而資料統計顯示，第二次世界大戰結束後，國民財富的增長速度遠遠大於那些要素的耗費速度，這是另一個難解之謎。

　　「里昂惕夫之謎」即美國出口勞動密集型產品與要素稟賦理論認為美國是資本相對豐富、勞動相對稀缺的國家不符也是傳統經濟學觀點難以解釋的又一個謎題。

　　經濟領域中出現的這些難以解釋的現象，引起了西方經濟理論界的高度重視。美國經濟學家、美國經濟協會會長西奧多·W. 舒爾茨，在1960年的經濟協會年會上發表了《人力資本投資》演說，闡述人力資本是當今

時代促進國民經濟增長的主要因素，明確「人口質量和知識投資在很大程度上決定了人類未來的前景」。他用人力資本投資理論解釋了無法用傳統經濟理論解釋的問題，並因此在1979年獲得諾貝爾經濟學獎。

舒爾茨在他的人力資本理論裡提出著名觀點：在影響經濟發展的諸多因素中，人的因素是關鍵的因素，經濟發展主要取決於人的質量的提高，而不是自然資源的豐富與貧瘠或資本的多寡。他用此理論來解釋經濟領域的疑難問題：

對德國和日本發展的經濟奇跡，他認為最主要的就是人力資本的原因。戰爭破壞了這兩國的物質資本，但並未破壞其充裕的人力資本；加上這兩國悠久的文化傳統和重視教育的現代國策為經濟發展提供了大量高素質的勞動力，使兩國的經濟發展建立在高技術水平和高效益基礎上。

對國民財富增長遠大於資源耗費，他認為，「投入與產出之間增長速度之差，一部分是由於規模收益，另一部分是由於人力資本帶來的技術進步的結果」，使得單位勞動、土地和資本的耗費可以產生比以前要高得多的產出和效益，解釋了第二次世界大戰結束后及整個20世紀60年代資本主義世界經濟高速發展的原因。

對「里昂惕夫之謎」，他認為，美國雖然人口只有兩億多，但勞動者的平均勞動熟練程度高，單位時間內的勞動事實上是可以折合成多倍簡單勞動的複雜勞動。因此，美國並不是一個勞動缺乏的國家，而是一個人力資

本相對豐富的國家。所以，在對外貿易中，美國出口自己資源優勢比較大的產品即勞動密集產品。

舒爾茨認為，人力資本是體現在勞動者身上的一種資本類型，以勞動者的數量和質量（勞動者的知識程度、技術水平、工作能力以及健康狀況）來表示，是這些方面價值的總和。人力資本是通過投資形成的，像土地、資本等實體性要素一樣，在社會生產中具有重要的作用。

在人力資本的形成過程中，對人力資本的投資是非常關鍵的。舒爾茨指出，要區分消費支出和人力資本投資支出，在理論和實踐方面都非常困難，但是可以將人力資本投資劃分為包括營養及醫療保健、學校教育、在職人員培訓、人力資源流動等費用。這些人力資本投資會產生長期的影響，這些人力資本投資所形成的勞動者素質的提高將在很長的時期內對經濟增長做出貢獻。

對人力資本的投資與其他投資比較，是一種投資回報率非常高的投資。舒爾茨對美國1929—1957年的28年間教育投資與經濟增長的關係做了定量研究，發現各級教育投資的平均收益率為17%；教育投資增長的收益占勞動收入增長的比重為70%；教育投資增長的收益占國民收入增長的比重為33%。這些收益與其他類型的投資比較，顯示出人力資本投資回報率非常的高。舒爾茨的人力資本理論主要有兩大觀點。

觀點之一：人力資本的累積是社會經濟增長的源泉

這個觀點主要來源於三個方面的原因：

其一，從普遍的情況看，人力資本投資的收益率超

過各種物力資本投資的收益率。他認為，人力資本與其對應的物力資本投資的收益率是相互關聯的，人力資本與物力資本的相對投資量主要由其各自的收益率決定。收益率高的情況說明相對投資量不足，需要追加投資；收益率低的情況說明投資量相對過多，需要減少投資量。當人力資本與物力資本的投資收益率相等時，這時的投資量是二者之間的最佳投資比例。在這二者的相對比例還沒有處於最佳狀態時，必須追加投資量不足的方面。當前相對於物力投資來說，人力資本投資的收益率超過各種物力資本投資的收益率，顯示出人力資本投資量不足，需要增加人力資本的投資。

其二，人力資本在各個生產要素之間發揮著相互替代和補充的作用。他認為，現代經濟發展已經不能單純依靠自然資源和人的體力勞動，必須在生產中提高體力勞動者的智力水平，增加腦力勞動者的成分來代替原先的生產要素。因此，由教育形成的人力資本在經濟增長中將更多地代替其他生產要素而促進經濟的增長。

其三，他用他創造的「經濟增長余數分析法」估計測算了美國過去的 1925—1957 年間國民經濟增長額，發現約有 33% 是由教育形成的人力資本的貢獻，進一步證明了人力資本是經濟增長的源泉。

他認為，教育促進經濟增長是通過提高人們處理不均衡狀態的能力這種具體方式來實現的。人們處理不均衡狀態的能力，是指人們在條件發生變化、更新時做出的反應及其處理問題的效率，即人們根據經濟條件的變

化，在財產、勞動、金錢及時間等方面，重新合理分配自己的各種資源的能力。他稱這種「分配能力」為處理不均衡能力。而這種能力的取得與提高，主要來源於教育形成的人力資本的作用。人們的這種「分配能力」可以帶來「分配效益」，促進個人與社會經濟的增長，增加個人和社會的經濟收入。

觀點之二：教育也是使個人收入的社會分配趨於平等的因素

人力資本是資本，與物質資本一樣可以促進經濟增長，增加個人的經濟收入，使個人收入的社會分配不平等現象逐步趨於減少。通過教育提高人的知識、技能，提高人的生產能力，從而增加個人收入，使個人工資和薪金結構發生變化。個人收入的增長和個人收入差距縮小的根本在於人們受教育水平普遍提高，是人力資本投資的結果。教育對個人收入的影響主要表現為：

其一，個人工資收入的差別主要是由於所受教育的差別引起的，個人受教育程度的提高能夠增強勞動者創造收入的能力，影響個人收入的社會分配，不斷地改善社會個人收入分配方面的不平衡狀態。

其二，勞動者個人受教育水平的提高會使因受教育不同而產生的相對收入差別趨於減少，而隨著義務教育普及年限的延長、中等和高等教育升學率的提高，社會個人收入的不平衡狀況也將逐步地得到改善。

其三，隨著人力資本投資的增加與累積，可以使物力資本投資和財產的收入比重趨於下降，使勞動者的個

人收入逐步趨於平等化。當今社會，在國民經濟收入中，依靠財產和物力資本收入的比重逐步下降，而依靠勞動收入的比重在相對增加，其原因是人力資本對經濟增長的貢獻在增加。

我們用現代勞動經濟學的觀點來看，社會對教育等的投入形成人力資本的投資，進而累積成社會的人力資本，是社會經濟增長的源泉。而這種投資的有效形成，是必須通過人的有效個性化學習行為來實現的。否則，即便社會對教育、對人力資本進行投資，沒有人的有效個性化學習行為，也不能形成有效的人力資本。這時的人力資本投資是無效的投資，也是失敗的投資。在人的有效個性化學習行為中，在體力、精力、時間與財力等方面的投入，都是對個人人力資本的不斷的投資及累積。既然是人力資本的投資，就會帶來人力資本投資的回報，並且由於人在勞動中的地位和作用，決定了人力資本的投資是經濟增長的源泉，是效益最佳的投資。這不僅再次說明了人的個性化學習的動因，也進一步說明了社會的上層建築對教育投入的內在動因。

第四章　生產力發展不斷推動教育的發展

　　不同時期的生產力發展水平決定著相應歷史社會時期的生產關係、經濟基礎和上層建築，也就決定了相應的教育目的。教育的目的回答了為什麼要進行教育，同時也就規定了教育的基本內容及其相應的形式。以下將運用馬克思主義唯物史觀考察教育在發展過程中的歷史特徵。

第一節　教育的歷史特徵

　　教育的目的是隨著生產力水平的發展、社會的發展而不斷演變的。在不同的時代，教育的目的是不同的，教育的目的因生產力發展水平、社會制度、民族文化傳統、教育思想不同而異。

（一）原始社會時期的教育

　　自從有了人類社會，便有了人類的教育活動。不論

東方還是西方，在原始社會時期，生產力都十分低下，社會生產處於刀耕火種的水平，男人狩獵，女人採集野果作為食物，群居生活，沒有階級，生產資料公有，以血緣關係為紐帶組成的氏族成員之間平等互助，進行集體的生產和生活活動。由於生產力水平低下，每個有勞動能力的人都必須從事生產勞動，才能維持生存，兒童自幼年就要開始向年長一代學習勞動技能，所以，生產勞動教育是最重要的教育內容。對兒童的教育由整個氏族（部落）共同承擔。《禮記‧禮運》中的「大道之行也，天下為公。故人不獨親其親，不獨子其子」是對遠古時期的社會公有情況的描述。兒童的社會公有是原始社會兒童教育的基本形式，教育內容主要是兒童今後將要從事的社會生產和生活活動的內容，也包括思想、道德和宗教教育。通過思想道德教育，培養成員的行為規範，養成照顧、贍養老人的觀念和敬重家族族長的思想；通過宗教教育，使新生的一代不僅養成宗教意識和情感，還使兒童在參加宗教祭祀活動中學到一些生產知識、歷史傳說、自然常識等，同時，也包括歌舞、音樂、繪畫等美育內容。原始社會后期，由於部落之間戰爭的需要，軍事教育也成為重要的學習內容。但是，在漫長的原始社會裡，由於生產力水平相對落后，還沒有相對確定的社會分工，教育也就沒有成為專門獨立的社會活動。其特徵表現為：沒有專門的教育機構，沒有特定的教育內容，沒有專職的教育工作人員，教育內含於日常的生產勞動和生活活動之中，目的是群體的生存、延續和發展。

教育的內容以掌握生產、生活技能和遵守社會行為習俗的思想道德教育為主,加上歌舞、音樂、繪畫等美育以及軍事教育等內容。教育以兒童的社會公有為基礎,在與社會的生產勞動和生活活動相結合中實現。

(二) 奴隸社會時期的教育

隨著生產力及社會的發展,特別是冶煉技術的掌握及廣泛應用,使得青銅器代替石器而成為生產工具,提高了勞動生產效率,逐步實現農業和畜牧業代替漁獵和採集而成為主要的生產方式,從而使勞動生產的產品、物質開始豐富起來。這些產品和物質不僅能滿足人們消費的需要,還有了剩餘。這些生產勞動創造的產品和物質的剩餘不斷累積,使部落和氏族的酋長、軍事首長等特權人物變成了財產的私人佔有者。隨著這些剩餘物質的不斷累積,部分部落和氏族逐步富裕和強盛,為其軍事的強大準備了物質基礎。物質的富裕保障了其軍事的強大,也保障了其在土地、自然資源爭奪的軍事擴張過程中的勝利。軍事上的勝利使這些氏族(部落)獲得了大量的俘虜和占領地的百姓,其中的許多人成了勝利者的奴隸,這就逐步形成了統治與被統治的社會生產關係。至此,由於生產力的發展,在體腦分工的基礎上,人類社會進入到第一個有階級劃分的奴隸社會,人類社會也開始出現了階級和國家。

在公元前3000年左右,中國、埃及、巴比倫、印度等古代東方國家,先後形成奴隸制國家;公元前8世紀左右,希臘形成了許多奴隸制城邦國家;公元前510年

左右，羅馬成立了奴隸制共和國，它們在歷史上代表了奴隸制發展的不同階段。占統治地位的奴隸主階級，為維護其階級利益、鞏固其經濟基礎和社會秩序，必然借助國家機器對被統治的奴隸階級進行管理，鎮壓他們的反抗，為此需要有自己的國家機關和力量，包括政府、軍隊、監獄等社會上層建築，同時也需要論證這種經濟基礎和上層建築合理性的意識形態。這又需要大量的官員、文士、僧侶和軍人，而這些專業人員都要經過專門的培養和訓練。

同樣，由於生產力發展因素而致的剩余物質及其累積，才可能使得一部分人得以脫離生產勞動，轉而專門從事腦力勞動，對勞動人民在生產與生活中累積的各項經驗進行歸納和整理，建立多種科學知識的體系。這些知識還僅僅是初步的，摻雜著迷信和謬誤。但為了能夠把這些知識和技能傳承下去，使后人瞭解歷史，僅靠口述與簡單的符號是不能夠做到的，因此人類創造了文字。正如恩格斯在《家庭、私有制和國家的起源》中指出的：文字是在社會需要的影響下，在原始公社制度解體和階級產生的時期出現的。文字的創造發明為人類社會知識和技能的累積與傳承起到了極其重要的作用，使得人類的學習和教育有別於任何其他動物的學習與教育。通過文字的記錄，可以傳承人類社會的各種實踐經驗與知識，形成系統化、抽象化的天文、地理、水文、醫學、數學、建築等分門別類的知識和學問。對這些知識和學問的掌握已不可能通過日常實踐活動中的非正規教育來進行，

客觀上要求有專門的機構和組織來傳授這些知識。因此，人類勞動剩余產品的出現，為人類社會的分工提供了最主要、最基礎的物質條件，社會的分工又有力地促進了生產力的發展，以致出現體腦分工，使得社會中的部分人得以從直接的生產勞動中脫離出來，專門從事社會管理和文化勞動，從而導致社會分工從單純的生產勞動領域擴大到整個社會，促進社會分工的進一步發展。而作為廣義文化勞動組成部分的教育，也開始從社會生活中逐步獨立出來，演變成為一種專門和固定的職業，由此，古代的學校教育開始產生和形成。奴隸社會時期，通常是把皇族子弟和貴冑青年安排在宮廷中，選派富有經驗和閱歷的官吏負責教導、管理。所以，宮廷學校是人類最早的學校。奴隸社會的學校教育從開始就帶有鮮明的階級性，教育成了統治階級（奴隸主階級）進行政治統治、階級壓迫和階級鬥爭的工具。由此可見，古代學校教育的產生，是生產力發展引起社會經濟、政治和文化發展的必然結果。

在中國的夏、商、周時期，已經出現了古代的學校教育。《孟子》中記載：「夏曰校」「殷曰序」「周曰庠」，「學則三代共之，皆所以明人倫也」。同樣，在西方的古希臘由於生產力的發展，逐漸有了追求身心和諧發展的教育思想。亞里士多德倡導的自由教育，是要把奴隸主貴族的子弟們教育成為自由人，使他們的身體、智力、道德等各方面都和諧平衡地發展。因此，隨著社會生產力的發展，奴隸社會時期的教育特徵表現為：教

育已經從社會生產、生活中獨立出來，成為一種專門和固定的職業，產生了古代的學校教育，這一時期的教育目的已經明確：為維護奴隸主階級的統治服務。作為上層建築組成部分的教育，已經帶有明顯的階級性。教育的內容以維護統治階級的統治和為其利益服務的內容為主，包括原始社會時期的教育內容。教育形式以古代的學校教育形式為主，包括原始社會時期的教育形式。

（三）封建社會時期的教育

在中國春秋、戰國時期，生產工具和生產技術有了顯著的進步，特別是農業種植技術的發展、鐵農具和牛馬耕作方式的使用，導致社會生產力迅速發展，農耕文明時期到來，地主和農民階級逐漸形成。隨著地主階級的不斷發展壯大，為了保障自己的經濟利益，他們要求取得政治地位，用地主階級專政代替奴隸主貴族統治。以商鞅為代表的改革家從地主階級的利益立場進行變法活動，促使封建剝削方式出現，確立了封建制度，促進了社會生產力的更快發展。所謂「封建」，史稱「封藩建衛」，指周朝建立后，統治者徵服了廣大地區，派遣自己的兄弟、貴族、勛戚以及臣服部落的首領，帶著武裝家臣和俘虜，到指定的封賞地點進行統治，把那裡的土地和人民賞賜給他們，建立周朝的屬國，統轄當地的部落和人民，形成保衛中央的前衛國家。這些受封地區的統治者就叫諸侯。各諸侯在其封國內，又將大部分土地分封給屬下的卿大夫作為「採邑」，而卿大夫再把所封採邑的土地分封給屬下的士，作為「食地」。這就是周朝的

大分封，史稱「封藩建衛」，「封建」由此而來，與其對應的社會時期即為封建社會時期。

　　早在4000多年前的古代中國，把教育和學習的地方稱為「庠」「序」「學」「校」「塾」等。「庠」為「培養教化」之所，《現代漢語辭典》中，「庠」讀作 xiáng，是古代的學校。而「庠序」，也泛指學校。「庠」為鄉學，有堂有室；「序」為州學，有堂無室。「庠生」，是「學生」的意思。古人將學校稱為「庠」，是取其「教養教導」「培養教化」之意，即為專門用於教化人從善、向善、識禮，使人品更加完善的地方。「庠」作為古代學校的名稱，有「上庠」和「下庠」之稱，就是大學和小學之別。從西漢時期起，學校分為中央和地方主辦，中央設太學，地方設學宮，到唐代辦學達到鼎盛時期，學校的分類更加仔細，其后明、清時期的學校基本承襲了隋唐體系。到清末，洋務派開始興辦近代教育，光緒二十八年（1902年）頒布《欽定學堂章程》，首次將學校稱為「學堂」。辛亥革命以后，中華民國教育部公布新的學制，「學堂」一律改稱「學校」，並一直沿用至今。所以，真正的「學校」一詞在中國是到民國時期才出現的。

　　在中國封建社會時期，長期的儒家教育思想占據著統治地位，《大學》中提出「在明明德，在親民，在止於至善」的教育方向，《中庸》中提出「格物、致知、誠意、正心、修身、齊家、治國、平天下」的教育內容。《學記》提出「建國軍民，教學為先」，即用教育來化民成俗，為統治者服務；「《宵雅》肆三，官其始也」，「凡

學，官先事，士先志」，即用做官為誘餌，培養遵守倫理綱常的「聖賢君子」。《大學》提出「三綱領」「八條目」也體現了這種思想。至唐代以科舉取士，更是把這種教育目的鞏固下來。唐太宗曾笑曰：「天下英雄皆入吾彀中矣。」唐初考取進士，明法、明算、明字諸科頗能切合實用，拔取真才。其后僅重明經、進士二科，明法科隨之而廢，實用性科目漸漸不受重視。由於不能憑實用技術入仕，學習實用技術者漸少。其後歷代科舉皆仿唐制，只重視文學性科目，不重視技術性科目。明經科重視帖經，久之以帖字為通經，不窮義旨；進士科則重詩賦創作，久之以聲病為是非，唯擇浮豔。兩者演變至后期都各走極端。總之，中國幾千年封建統治的教育目的都是從企圖統治受教育者的那部分人的意志出發的，這部分人就代表了「社會」。這個教育目的是為了捍衛統治和壓迫大眾而生的，它從一開始就異化了受教育者。首先，道德和知識原本是一體的，但在封建社會中，道德的束縛演變成壓迫大眾的合理化工具。其次是教育目的過於單一，只注重人文學科，到后來甚至人文學科也未掌握，只重死記硬背，實用技術被忽視，基礎理論更是如此。這導致人的發展被局限在一個很小的範圍內，以至於壓制了受教育者衝破這個局限的慾望。而在西方的封建社會時期，宗教神學占領著統治地位，大量的教會學校培養出大量僧侶，而世俗的封建領主們希望他們的騎士忠誠於他們自己。而無論是中國的儒家教育思想還是西方的宗教神學，其核心都是維護「君權神授」，天子

與君王以及其統治都是上天、神靈的安排,上天和神靈是不可抗拒的,勞苦大眾只能接受其意志和安排。而后來歐洲文藝復興運動的主要成就正是解放了人們的思想,砸爛了封建精神枷鎖,推翻了宗教和神學的統治地位。歷代封建社會教育的特徵表現為:教育的目的是為封建君主專制服務,為統治階級培養人才,培養適合統治階級需要的官吏、牧師或騎士。在封建中國,就是為了傳播統治階級的意識形態和治國方略,培養能夠維護和鞏固封建統治的官吏。在歐洲封建時代,就是為了培養能夠忠於世俗封建主的「騎士」,以及忠於教皇的「教士」或「牧師」。教育的內容主要體現為道德文章或宗教經典。在封建中國,教育的主要內容是《四書》《五經》等儒家經典。而在西方,教育的主要內容是宗教的教義及其相關內容,也包括一些科技教育內容,如中國的算學、天文學、醫學等。教育的形式體現為形成了系統的教育體系,累積了豐富的教育經驗,有了較為豐富的教育教學思想。中國從漢代開始建立中央到地方的官學及私學系統,不僅有啓蒙教育,還有高等教育,官學和私學之外,還有書院和社學。而在中世紀的歐洲,教會同樣創辦了大量的各種層次和類型的學校,其中以主教學校、教區學校、修道院學校及教會大學等為代表。在這一時期,出現了大量對教育問題進行研究的論述文章和專著。如西方杰羅姆的《致萊塔的信》、本篤的《本篤規程》、伊西多的《辭源》,中國的《學記》、顏之推的《顏氏家訓》、韓愈的《師說》和《進學解》、程端禮的

《程氏家塾讀書分年日程》和黃宗羲的《學校》等。

（四）中國近代的教育目的

1840年鴉片戰爭爆發以後，亡國滅種的危機使教育目的發生了變化。曾國藩重視「一技一藝之流」，提出「師夷智以造船制炮」；李鴻章指出「中國欲自強，則莫如學習外國利器」；張之洞主張培養「習知西事、通體達用」的實用人才。以上是洋務派固守「中體西用」的根本前提。維新派提出教育應培養具有初步資產階級性質的「新民」，突破了「中體西用」的藩籬。康有為主張變科舉、開學校、開學會、派遊學等，以「通世界之知，養有用之才」。梁啟超認為教育應「以造就國民為目的」，其新民人格特徵包括國家觀念、權利思想、自由和自治等18種之多。嚴復認為，通過教育提高國民素質是國家富強的根本，而開礦、練兵、興商務等治標不治本。他認為教育分為體育、智育和德育。革命派中，孫中山主張用「三民主義」作為教育的基本內容。蔡元培提出「國民教育應以養成共和健全之人格為根本方針」，提出「五育並舉」、和諧發展、養成「健全人格」的主張。近代教育目的注重培養科技人才，它從富國強兵的願望出發，歷經洋務派的「培養技術人才」到蔡元培的「五育並舉」涵養健全人格，教育目的被不斷注入新的內涵。

（五）新中國成立後的教育目的

從政策文本來看，1958年《中共中央、國務院關於教育工作的指示》中提出：「教育的目的是培養有社會主義覺悟的有文化的勞動者。」1982年《中華人民共和國

憲法》第四十六條指出：「國家培養青年、少年、兒童在品德、智力、體質等方面的發展。」1993年《中國改革和發展綱要》的提法是「培養德、智、體全面發展的建設者和接班人」。2000年中國第三次全國教育代表大會正式提出深化教育改革，全面實施素質教育的指導思想。《2000年中國教育綠皮書》將素質教育歸納如下：面向全體學生；促進學生全面發展；重視學生創新精神與實踐能力；發展學生的主動精神，注重學生個性發展；著眼於學生終身可持續發展。

從學術界來看，1986年《教育大辭典》將「教育目的」定義為：培養人的總目標，關係到把受教育者培養成為什麼樣的社會角色和具有什麼樣素質的根本性質問題。也有觀點認為，教育目的是教育對所培養人的質量和規格的總體設想和規定。它一方面規定所培養人的身心素質，即受教育者的個性結構，包括知識、品德、智力、體力等方面的發展；另一方面，規定培養的人應符合什麼樣的社會需要。學術界關於素質教育的含義尚在探討中，一般認為是：面向全體、全面發展、創新精神和實踐能力、通識教育、發展個性與主動精神。

至此，我們大體可以看出：人類社會不同時期的生產力發展水平，決定了當時的社會生產關係。社會生產關係的總和，決定了當時的社會上層建築，也就決定了上層建築內涵之一的同一時期的教育。即：同一時期的

生產力 $\xrightarrow{決定}$ 生產關係 $\xrightarrow{決定}$ 教育（上層建築）。

隨著社會生產力的不斷發展，生產關係不斷發展，

必將導致教育的目的、內容及形式的發展。這是符合馬克思主義唯物史觀規律的。不同時期的教育都有與其生產關係、生產力相適應的不同的特徵。不僅如此，馬克思主義唯物史觀還揭示了上層建築會積極服務和反作用於經濟基礎，也會積極服務和反作用於生產力。從教育服務和反作用的角度就應該有：同一時期的教育 $\xrightarrow{服務於}$ 生產關係 $\xrightarrow{服務於}$ 生產力。

第二節　教育對生產力的反作用

　　前面我們運用馬克思主義唯物史觀考察了生產力發展決定教育的目的、內容及形式等客觀規律，那麼，作為上層建築的教育又是怎樣服務和反作用於經濟基礎、生產關係和生產力的呢？我們從人類社會由農耕文明社會向工業文明社會發展的過程來加以考察。

　　科學技術的進步與發展，推動著生產力的不斷發展。特別是英國科學家瓦特，從水壺燒開水的生活活動中，發現當水燒開后會推動壺蓋運動這一原理，從而改良了蒸汽機，標誌著人類社會開始進入工業革命的機械化時期。蒸汽機的廣泛應用，使得人類的生產勞動得以從傳統的手工勞動中解脫，勞動生產率大大提高，形成了紡織、鐵路、商業等各種商品生產與服務的行業，導致人類有史以來最大的社會化大分工，人類社會也開始進入了以商品生產為目的的發展階段。這一社會化大分工產

生的各行各業需要大量的勞動者，而從手工業勞動中解脫出來的勞動者並不能自然地適應商品生產與服務的要求，需要對他們進行專門教育和培訓，使其具有適應商品生產與服務的能力，這就是生產力的發展對教育提出的要求。而教育的發展反過來對生產力發展的巨大推動作用，主要表現在下列幾個方面：

（一）教育為社會培養科學技術專門人才

現代生產力的發展，越來越依賴於科學技術。因此，培養科學技術專門人才，就成為推動社會生產力發展的重要因素。世界上經濟發達的國家，科學技術人員在職工中所占的比例都比較高。教育是培養科學技術專門人才的主要部門。教育為社會培養科學技術人才包括兩個方面：一是研究和設計人才，二是生產技術人才。新中國成立前科學技術人才極少，主要靠新中國成立後尤其是恢復高考後各類學校培養。目前全國全民所有制單位共有科技人員近 1,000 萬人，這就為經濟的發展創造了極其有利的條件。

（二）教育為社會輸送生產和技術管理人才

在現代生產中，生產管理和技術管理工作的重要性越來越明顯。科學的管理能提高產量和質量，發展生產力離不開管理現代化。據有關專家估計，在中國現有物質條件下，實行科學管理，就可以提高生產力 1/4 以上。國外早已重視管理人才的培養，在許多大學中都設有經濟管理系科。中國近幾年來也注意到這一點，在不少大學設有經濟管理、工程管理等專業，為企業和管理部門

不斷輸送管理人才，有效地提高了生產管理和技術管理水平，從而促進了生產力的發展。

(三) 教育為社會訓練熟練勞動力

馬克思指出：「勞動生產力是由多種情況決定的，其中包括工人的平均熟練程度。」① 當勞動者還沒有任何生產知識和勞動技能時，他只是一種可能的勞動力。作為生產力因素之一的人，是具有一定的生產知識和勞動技能的人。勞動者的生產知識越豐富，勞動技能越高，生產技術越熟練，他的生產能力也就越強，所創造的價值也越多。而這種熟練勞動者的培養和訓練，則必須依靠教育。教育可將簡單的勞動力培養成為具有專門知識和技能的勞動力，使非熟練勞動力變成熟練勞動力。

(四) 教育部門為社會提供現代科學技術

馬克思早已說過：「生產力裡面包括科學在內，」②「勞動生產力是隨著科學技術的不斷進步而不斷發展的。」③ 先進的科學技術可以提高勞動生產率，節省原材料、燃料和勞動力，增加資金和能源等。現代生產的特徵，就是現代科學技術在生產上的廣泛應用。現代競爭主要是人才和技術的競爭。教育部門特別是高等學校，集中了相當多的各種專家和工程技術人員，經常為社會提供大量的科學思想和生產技術。同時，教育又是將現代科學技術引入生產的橋樑。現代科學技術在生產上的

---

① 馬克思恩格斯全集：第 23 卷 [M]．北京：人民出版社，1972：53．
② 馬克思．政治經濟學批判大綱：第 3 分冊 [M]．北京：人民出版社，1963：350．
③ 馬克思恩格斯全集：第 23 卷 [M]．北京：人民出版社，1972：664．

應用，對原有勞動力提出了更高的教育和培訓要求，新興工業部門的建立，要求教育部門幫助培訓勞動人員，使其掌握新的生產技術。因此，不能依靠教育的發展來提高勞動者的科學知識和技能，科學技術在生產上的應用將成為一句空話。

（五）教育促進社會主義精神文明的建設

社會主義精神文明建設對生產力的發展起著重要的推動作用。社會主義精神文明建設包括兩個方面的內容：一是以科學、教育為核心的文化建設；二是思想建設。兩者緊密地聯繫在一起，共同作用於生產力。一個社會主義勞動者，不但應當具有較高的科學文化素質，而且應當具有較高的思想素質。只有這樣，才能正確處理目前利益與長遠利益、局部利益與整體利益、個人利益與集體利益的關係，才會具有社會主義主人翁的責任感。教育對勞動者進行馬克思主義理論教育，共產主義思想教育，道德品質教育，黨的路線、方針、政策的教育，以提高勞動者的思想水平，使他們成為有理想、有道德、有文化、有紀律的人，從而更好地調動他們為現代化建設而工作的積極性和創造性，促進社會生產力的發展。

現代學校教育制度的產生和發展為工業化商品生產培養了大量的實用性和應用型人才。其標準化的意義在於其按照各專業化的要求實現集約化、規模化和高效化的人才培養，滿足商品生產社會廣泛、大量的對實用性和應用型人才的需求。學校教育制度為以往的商品生產社會做出了巨大的歷史貢獻，也正在為當今的商品生產

社會做出巨大的歷史貢獻，也必將為今后的商品生產社會做出巨大的貢獻。只要有商品生產社會存在，就會對實用性和應用型人才有需求，學校教育制度就有其存在的價值。

現代學校教育制度的產生與發展，體現了上層建築積極服務和反作用於經濟基礎，因而積極服務和反作用於生產力。即：同一時期的教育 $\xrightarrow{\text{服務於}}$ 生產關係 $\xrightarrow{\text{服務於}}$ 生產力。

不同的人類社會時期的教育也一樣，都要積極服務和反作用於經濟基礎和生產力。

第三節　現代學校教育制度的產生與發展

(一) 現代學校教育制度的產生

工業化導致的社會化大分工產生了各行各業，需要大量的有專業化技能的勞動力。為滿足不同行業對勞動力的大量需要，教育就自然地按照不同行業對勞動者要求的知識、技能等制定其教育的目標、內容、形式等，也就自然會根據不同行業對勞動者或者說產業工人的專業化要求，制訂出不同專業的人才培養目標、教學方案、課程內容等專業計劃。為了滿足不同行業對專業化人才的大量需求，實現其高效化、規模化與集約化的人才培養，教育自身也需要專業化發展，即：專業的人做專業

的事。為完成這樣的目標與任務，只能將原本應成為手工業勞動者或者從手工業勞動者中解脫出來的人集中起來，按照各種專業化的要求，進行集約化、規模化和高效化的教育和培訓。由此，現代意義的學校教育模式開始產生，經過不斷的發展、完善而成為適應其生產力發展要求的現代意義的學校教育制度。

(二) 現代學校教育制度的發展

1. 學前教育

過去，學前教育不被視為一種正規教育，一般不納入正規學校教育制度系統，其發展也慢。近幾十年來，學前教育得到了很大重視，也有了很快的發展。一是幼兒教育的結束期有提前的趨勢，提前到了 6 歲或 5 歲；二是加強了小學和幼兒教育的銜接，有的把幼兒園的大班作為小學預備班。蘇聯各國之所以普遍重視學前教育，主要是因為教育心理學和生理學研究表明，5 歲以前是兒童智力發展的關鍵期。這個結論，對於世界性的智力開發、人才開發浪潮無疑起了理論指導作用。可以認為，學前教育是重視智力開發浪潮的有機部分。

2. 義務教育

在全球範圍內，除少數國家外，絕大多數國家都已實施義務教育，而且義務教育年限在逐漸延長，發達國家的義務教育已達到初中和高中階段。延長義務教育年限的主要原因是，經濟、科技的迅猛發展對人的素質要求更高，要求國民有更高的科學文化水平。國民素質普遍提高了，國家才有更強的競爭實力。

3. 職業技術教育

中等（職業技術）教育一方面同高等教育相聯繫，另一方面同勞動就業相聯繫；同時由於經濟發展對勞動者素質的要求提高，因而使中等教育多樣化，發展職業技術教育、調整中等教育結構已成為各國共同的課題。在發達國家，職業技術教育已占了很大比重。在加強職業技術教育的同時，也有加強普通教育的趨勢。這是因為當代高新技術的發展，相應地要求具有較專業的科學文化知識，所以在發達國家，職業技術教育或與普通高中相融合，或有推遲到普通高中之后的趨勢。總之，職業教育在當代有兩個特徵，一是對科學文化技術基礎的要求越來越高，二是職業教育的層次、類型多樣化。

4. 高等教育

19世紀至20世紀初的高等教育是教育的金字塔，與生產實際聯繫不緊密，而且一般都是四年制本科。第二次世界大戰結束後，高等教育有了很大的發展，與生產實際聯繫日益緊密，現代生產和現代科技要求高等教育培養各級各類高級人才。因此，推動了高等教育結構的變化，一是層次增多，如專科、本科、碩士、博士；二是類型增多，不僅限於高科學、高文化的科系，還出現許多與生產、科技和社會生活緊密聯繫的新科系。

5. 終身教育

現代生產與現代科技的迅猛發展，結束了一次性教育即可享受終身的歷史，於是「迴歸教育」「終身教育」「成人教育」「創造教育」就被提上了教育發展的日程，

從而函授教育、業余教育、廣播電視教育、企業內崗位培訓、夜大學、老年人大學、開放大學等教育機構也得到了廣泛的發展。這些教育機構具有開放性、不脫產性及與生產、生活緊密聯繫的特點。

總之，現代學校教育制度由初始單一的普通學校教育制度，一方面向學齡前（幼教）和學齡后（成人教育、終身教育）延伸發展；另一方面向與生產生活緊密聯繫（職業教育）發展。事實上，在當代，現代學校教育制度已是包括幼兒教育機構、學校教育機構和成人教育機構在內的，既進行普通文化教育又進行綜合職業技術教育的全部施教機構系統的總和。

第四節　傳統學校教育模式的缺失

從學校教育制度的產生、發展以及學校教育制度的目的可以看到，這種以往的學校教育制度都執行統一的人才培養目標和規格、統一的教學課程計劃、統一的課程內容、統一的教學行為、統一的考核方式等，具有其統一的特質，其核心是人才培養的標準化，具有濃鬱的工業化生產烙印和文化。也就是說，學校就像工廠一樣，不同專業培養出來的人才就像工廠流水線生產出來的商品一樣，具有統一的標準和規格，其標準化的意義在於其按照各專業化的要求實現集約化、規模化和高效化的人才培養，滿足商品生產社會廣泛、大量的對實用性和

應用型人才的需求。這種標準化的大規模培養人才的思想應該來源於工業化大規模生產的形式。

但是，工業化大規模生產形式是在原材料標準化或者是將原材料加工達到標準化的前提下才能實現的。而教育培養的是人，每一個人都是不相同的，就目前生理學家和心理學家對人的研究而言，都承認每一個個體的人在生理遺傳和社會環境方面的差異，即承認人的個體差異性，表現在學習過程中就是學習能力的個體差異性。也就是說，傳統學校教育的標準化流水生產線模式的原材料是非標準化的，即使我們在入學考試時經過篩選，我們的培養標準是按照篩選的最低標準設置的，這最多也只能說明在入學時是標準的，而學習能力的差異性在學校學習過程中是無法排除的。這就是傳統學校教育模式中對學習者學習能力的差異性的設計缺失。除此之外，學校學習過程中的人不是工業生產流水線上的物，他（她）們有思想、情感，社會環境方面的各種因素都將對其產生影響，如：社會的需求、個人職業規劃、環境及條件的改變等各種社會環境因素都會對受教育者在學校學習過程中產生影響而導致學習行為改變。這種改變我們無法預知，可能千差萬別，對這些改變，傳統學校教育模式也沒有更多的辦法，只能聽之任之。這也是傳統學校教育模式設計中的缺失。

上述傳統學校教育模式設計中兩個方面的缺失，我們把它叫做傳統學校教育模式設計中對學習者個性化學習要求的缺失。具體來講，這種缺失集中表現在教育上

缺少多元的發展途徑和評價體系。具體表現為如下幾個方面：

(一) 教學目標的單一性和規約性

1. 教學目標的單一性

現行教學模式只有單一的教學目標——知識目標。而我們現行的教學目標是三維目標，即：知識與能力；過程與方法；情感態度與價值觀。但三者並不是嚴格分割開的三個獨立的教學目標，而是一個教學目標的三個方面。理論上而言，三維目標是比較科學的。

知識與能力目標：主要包括人類生存所不可或缺的核心知識和學科基本知識。實現該目標需要的基本能力包括獲取、收集、處理、運用信息的能力，創新精神和實踐能力，終身學習的願望和能力。

過程與方法目標：主要包括人類生存所不可或缺的過程與方法。其中，過程是指應答性學習環境和交往、體驗。方法包括基本的學習方式（自主學習、合作學習、探究學習等）和具體的學習方式（發現式學習、小組式學習、交往式學習等）。

情感態度與價值觀目標：情感不僅指學習興趣、學習責任，更重要的是樂觀的生活態度、求實的科學態度、寬容的人生態度。價值觀不僅強調個人的價值，更強調個人價值和社會價值的統一；不僅強調科學價值，更強調科學價值和人文價值的統一；不僅強調人類價值，更強調人類價值和自然價值的統一，從而使學生內心確立起對真善美的價值追求以及人與自然和諧可持續發展的理念。

但是，在實際教學中，三維教學目標却只是一個擺設而已。學生確實掌握了大量的書本知識，但這些知識却只給學生構建了考試的過程與方法、考試的情感態度與價值觀，只給學生構建了考試的能力。所以，我們教的不是學生，而是考生。老師為考試而教，學生為考試而學。知識目標「唯我獨尊」，而人格目標、情感目標却被塵封在教師的教案裡；知識目標大行其道，而價值觀目標完全缺失。學生沒有任何選擇的餘地，缺乏多元的發展途徑。

2. 教學目標的規約性

在以往的教育模式中，學校每年都在評選優秀園丁。誠然，教師的辛苦勞動毋庸置疑，把他們比喻成園丁無可厚非。但園丁在做什麼樣的工作呢？施肥、澆水⋯⋯花草樹木是長茂盛了，但必須得整整齊齊。只要有冒尖的花草、枝丫，都會被園丁給「咔嚓咔嚓」剪掉⋯⋯老師們也在干著相同的事情，用知識把學生澆灌，但你在課堂上得規規矩矩，得整齊劃一，得合群，不得有個性化表達，不得調皮搗蛋⋯⋯嚴格限定課堂教學目標，限制了課堂教學豐富的動態生成性。學校簡直變成了標準化的生產車間，學生變成了標準化生產的產品，而非思想活躍、性格鮮明、意志堅定、人格完善的個體。

如今已是 21 世紀，顯然，這樣的教育模式是退步的。以史為鑒，早在春秋、戰國時期，中國大教育家孔子就提出了「因材施教」的教育思想。而我們現在用標準的大綱、標準的教材、標準的評價、標準的考試規範

第四章　生產力發展不斷推動教育的發展 | 61

大家，不管教學的對象是否存在差異，完全漠視學生的個體需求……社會是進步了，我們的教育卻越來越落后了。

(二) 教學過程的專制性

教學過程是教學活動的啓動、發展、變化和結束在時間上連續展開的程序結構。人們對教學過程的認識，經歷了漫長的歷史發展過程。隨著時間的推移和研究的深入，人們逐漸認識到教學過程的複雜性和多元性，教學過程不僅是認識過程，也是心理活動過程、社會化過程。因此，教學過程是認識過程、心理過程、社會化過程的複合整體。但是，縱觀整個教學活動，教學內容是確定的，即課本知識；教學目的是確定的，即考試；評價方式是確定的，即考試分數……這讓我們的教學過程變得單一而純粹：教師講得清清楚楚，學生聽得明明白白，最終就為了求贏──學生贏得成績；學校贏得聲譽；家庭贏得后代的「魚躍龍門」；社會贏得一群考生。單一的思維和需求導致了單一的選擇。以求贏的目的談論教育學與成功學，窒息了學子的心靈，使他們大都喪失了學習的興趣，以考試機器的面目度過人生最美好的年華。

在這樣的教育模式下，學生要走的只是一個程序化的過程，一個只想採擷果實即畢業證的行為藝術的過程。而在這個過程中，學生沒有選擇的權利，不管願意與否，只能被動地接受。對絕大多數學生來說，他們從未完整地發展過，從未獲得過教育的滋養。他們無暇顧及自己身心的成長，鮮有時間培育自己的情感和想像力，從而

確立安身立命的價值觀。目標在前，沒有當下。教育把孩子與自己的生命割裂開，把他們與生活和廣大的世界隔離開，他們在死寂的環境裡「記住一切有可能在考試中出現的東西」，更遑論學生的社會化了。這樣的教育，培養不出社會需要的人才。

（三）發展途徑的單一性

現實中，有的人通過高考進入了大學，以往緊張的學習環境不復存在。很多學生進入大學後開始放縱自己，沉迷於游戲，不思進取，甚至被勒令退學。他們無疑是考試的勝利者，却不是人生的勝利者。

事實上，我們當前的教育已經脫離了教育的本質。學校裡除了教授學生考試的知識外，其他方面的教育都只停留在口頭的說教上，這樣的教育效果是非常低下的，甚至可以說沒有任何效果。所以，我們讀小學的發展目標就是考上一個理想的初中，讀初中的發展目標就是考上一個理想的高中，讀高中的唯一目標就是考上一個理想的大學。以往的教育模式教的不是學生，而應該叫做考生。老師為考試而教，學生為考試而學。單一的發展目標限制了學生多方面發展的潛能，只是培養了一個個毫無差別的「考霸」。

（四）評價體系的單一性

1. 評價內容單一，缺少廣泛性

科學、客觀的學生評價體系應包括德、智、體、美等多方面內容，評價工作應緊緊圍繞這些方面，運用科學的方法對學生的學業、技能、身心發展、想像力、價

值觀等進行系統的價值判斷。但在實際的評價工作中，現行的教育模式幾乎只以學生成績的高低來衡量，很少考慮其他評價指標。例如，學生的創新精神和實踐能力如何。學校很少關注學生的創新意識如何養成，可否培養，更沒有這方面的評價指標和方法。

2. 評價方式單調，缺少科學性和多樣性

一是注重終結性評價，忽視過程性評價，只注重考試結果，對學生學習過程的評價缺失。二是注重數量評價，忽視質量評價。這主要體現在作業上，巨大的作業負擔給孩子造成很大的壓力，也不利於孩子的全面發展。很多高中的高升學率是靠政策傾斜（高分錄取）和高強度的訓練支撐起來的，這個過程中有很大一部分學生是被「弄殘（發展不全面）」了的。三是注重學業評價，忽視學生人格完整性。現行教育模式對質量的評價方式研究不夠，過於重視學生的考試成績，質量評價只關注簡單的教育現象，而忽視了學生作為一個人的成長的人格完整性，如他的身心發展是否健康、人格是否完整、價值觀是否扭曲，等等。

（五）評價程式化，忽視評價工作的改進和激勵功能

在評價過程中，學生處於被評價的地位，學習的積極性得不到很好的保護，主觀能動性得不到很好的發揮。我們常常要求學生遵守規章制度，在學習、作業、行為等方面往往是統一要求，缺少一個科學、民主的環境。學生疲於應付考試，在評價過程中根本沒有發表自己意見的機會。

第五章　選課制、學分及學分制的產生

選課制、學分及學分制的產生有其生產力發展要求的客觀必然性，也是學校自身探索解決學習者個性化學習要求的努力結果之一。

第一節　選課制的產生

人類社會以蒸汽機的發明為標誌，開始步入工業（機械）化社會，機械的廣泛應用推動著社會化大分工，之后，發電機的發明及廣泛應用，進一步推動了生產力向前發展，工業化社會進入了電氣化時代。1946年2月14日，由美國軍方定制的世界上第一臺電子計算機ENIAC（埃尼阿克）在美國賓夕法尼亞大學問世，表明電子計算機時代的到來，標誌著人類社會跨入了信息化時代，社會分工不斷細化。伴隨著這一發展過程，社會生產力及生產關係不斷發展，要求教育為其培養的勞動

者即學校培養的人才，不僅要有專業性的知識和能力，更進一步要求在具有專業性的知識和能力的基礎上，還要具備專業方向性的知識和能力，比如會計專業可能還分工業會計、商業會計等其他會計方向，數學專業分為理論數學和應用數學方向等。這些同專業基礎的學習者，他們的專業基礎相同，而專業基礎上的方向不同，客觀上要求學校教育要分方向執行教學計劃或在專業基礎相同的前提下制訂分方向的教學計劃。至於這些同專業基礎的學習者中，哪些應該選擇什麼方向，則由社會環境需求因素和學習者個人的情感、愛好、職業規劃等因素決定。這些社會及個人的因素，都是多種多樣及複雜的，我們對此不能一一分析與把控，只能把它歸納為社會環境和個人兩方面的因素。正因為它的不可把控性，也就只能將選擇權交給學習者本人，由學習者自己決定方向性的選擇，這就是選課制的雛形。隨著社會生產力及生產關係的不斷發展、社會分工的不斷細化、對勞動者（人才）知識能力結構的不斷細化，決定了學習者自己決定選擇的知識內容、課程也越來越多，傳統意義的學校教學計劃的強制性逐漸弱化。為了適應這樣的客觀現實和社會發展的要求，更廣泛地滿足學習者個性化學習的要求，傳統意義的學校根據自己的實際情況逐步建立和豐富了與自己相關的選課制度，我們把這些選課制度統稱為選課制。

第二節　學分及學分制

　　學分及學分制的產生與選課及選課制是密不可分的，也就是說學分及學分制的產生的內在原因是選課及選課制產生后的必然要求與結果。當傳統意義上的學校教育為了適應社會生產力及生產關係的發展，從一定程度上滿足學習者的個性化學習要求，建立符合實際情況的、相應的選課和選課制的過程中或者選課制建立后，將必然出現如下情況，就是不同的學習者所選課的相關知識內容不同，導致不同學習者所學習內容的難易程度不同，要求也不同。在學校實際管理過程中，如何將不同知識內容的學習行為及結果進行比較呢？這是一個困難的事情，因為不同的知識內容在沒有統一的衡量標準的情況下，我們無法進行比較。必須找出不同的學習者的不同學習行為及結果的相同的地方、內涵一致的方面，這樣才能對其相同內涵進行比較。那麼，不同的學習者的不同學習行為及結果的相同的地方、內涵一致的方面是什麼呢？不同學習行為及結果的共同特徵是都需要花去學習時間。我們假設每個學習者的學習行為都是完全有效的，他們對不同的知識內容的學習時間是可以進行比較的，越難的知識內容應該花去更多的學習時間。因此，也就將有效的學習行為及結果所耗費的時間確定為不同學習者對不同知識內容學習行為及結果的比較標準，因

為是由學習行為而產生或者得到的分數，自然也就將其稱為學分。

在「學分」這一概念的基礎上，我們不僅可以對不同學習者對專業方向性選擇的不同知識內容、課程的有效學習行為及結果進行比較，我們還可以擴展到對所有知識內容、課程的有效學習行為及結果進行比較，在此基礎之上逐步建立以學分為主要對象，對學習者的有效學習行為及結果進行管理的相關制度，我們統稱之為學分制。

由此，我們可以看出，不論是從選課到選課制，再到學分及學分制的產生，都是社會生產力及生產關係發展的必然要求，是傳統意義的學校教育反作用並積極服務於社會生產關係及生產力的必然結果，也是傳統意義的學校教育積極探索解決學習者個性化學習要求的必然產物。同樣，我們也可以看出，一定是在社會生產力及生產關係最發達的社會，才能有選課到選課制再到學分及學分制的產生。如此也就不難理解，最早的學分及學分制產生於美國的哈佛大學。

學分及學分制產生后，大學特別是較先進的大學紛紛仿效，採用學分制對學習者的學習行為及結果進行管理，說明學分制必然具有其先進性。學分制的先進性到底是怎樣的呢？或者說，為什麼較先進的大學要紛紛仿效實行學分制？我們知道，學分及學分制的產生，是社會生產力及生產關係發展的必然要求，是傳統意義的學校教育反作用並積極服務於社會生產關係及生產力的必

然結果，也是傳統意義的學校教育積極探索解決學習者個性化學習要求而產生的。其內在的原因是：在工業化社會發展的初期，由於生產力發展水平還相對較低，社會生產力及生產關係對學校教育的要求還是培養大量的具有專業知識、技能的實用性或應用型勞動者，對應於傳統學校教育的流水線方式培養大量的標準化的人才。隨著新生的生產力的不斷增加與發展，商品生產與經濟的競爭加劇，導致生產能力規模之間的競爭加劇，而當生產能力規模總量達到或超過社會總需求之后（產能過剩時），商品生產與經濟的競爭就逐步地從生產力規模與數量的競爭轉向商品生產與經濟的質量及新型商品（新一代商品）的研究、開發及創新的競爭。而商品生產與經濟的質量及新型商品的研究、開發及創新，都有賴於新的知識與技能，新的知識與技能又歸結為科學、技術的進步與發展，新的科學、技術的進步與發展最終要落實到掌握這些新的科學與技術的人即研究型和創新型的人才身上。到此，可以認為：隨著生產力及生產關係的不斷進步與發展，到一定的歷史時期，必然會向教育提出培養研究型和創新型人才的要求。而傳統的學校教育的標準化流水線式培養大規模實用性應用型人才模式已不能滿足這一社會要求，這時學習者個性化學習的要求也就明顯突出為主要矛盾，迫使學校尋求解決這個矛盾的有效辦法。而從選課與選課制到學分與學分制的產生本身就是為了解決學習者個性化學習要求為目的的，自然地，學分制管理人才培養模式就成了各高校紛紛仿效

和採用的管理模式。因此，學分制的先進性體現在：相對於傳統的學校學期制、課程制的流水線、標準化、統一化的人才培養模式，學分制人才培養模式極大程度地解決了學習者的個性化學習要求。之所以說是極大程度地解決了學習者的個性化學習要求，是限於在學校自身條件和能力範圍之內，最大限度地解決了學習者自身的學習能力的差異與社會環境條件要求的差異，即極大程度地滿足學習者的個性化學習要求。至少在學校內部，學習者可以根據自身的學習能力多選或少選課、提前或推遲畢業，跨專業、跨學科選課、實現學習者知識結構的差異化和增進學科間知識融合，有利於學校根據生產力及生產關係發展的社會要求，對研究型創新型人才的培養。這也是現代先進性大學提出建設研究型和創新型大學的內在要求與內涵。大學要推進學分制人才培養模式源於學分制本身的先進性。

就學分與學分制的產生而言，來源於傳統學校教育的學期課程制，相對於生產力及生產關係較發達時期來看，有其先進性。但我們不能因為其先進性而完全否定傳統學校教育模式的學期課程制的價值，因為從形式與內容來看，學分制包含了學期制的形式和內容，學期制是學分制的一種特殊情況，在滿足學習者的個性化學習要求進行選課的前提下，選課結果是可能與原學校的學期制安排重合的。學分制是學期制的自身發展、豐富與完善。這是從學分制的產生、形式及內容的角度看。而究其本質，只要有商品生產或者說商品社會存在，就有

對大量的實用性、應用型勞動者即實用性、應用型人才的需要，對學校教育而言，就有標準化、流水線大量培養實用性、應用型人才的需要。同時，由於生產力及生產關係的發展，導致商品生產的競爭加劇，從而對研究型創新型人才培養需要。這也正體現了生產力的發展，推動社會分工的細化，對學校教育模式的進一步細化提出要求。這也正是當今大學出現向研究型創新型大學與實用性、應用型大學分化發展的內在原因。

第三節　學分計量

在討論了傳統學校教育的選課與選課制、學分與學分制的產生、發展及其內在原因后，下面將繼續討論學分單位及學分數是怎樣確定的，即學分的計量問題。

通常，在早期的傳統學校教育模式裡，教學計劃是按照學期來安排課程即學習內容的，每學期教學 18 周，加上復習、考試，一共 20 周。如表 5.1 所示。

表 5.1　　××級會計學專升本教學計劃

學期	課程名稱	課程類型	考核方式
第一學期	大學英語（二）（上）	專業基礎課	考試
	計算機應用基礎	專業基礎課	考試
	經濟學原理	專業基礎課	考試
	經濟應用數學（二）（線性代數）	專業基礎課	考試
	會計學基礎	專業基礎課	考試

表5.1(續)

學期	課程名稱	課程類型	考核方式
第二學期	經濟法	專業主幹課	考試
	大學英語（二）（下）	專業基礎課	考試
	經濟應用數學（三）（概率論）	專業基礎課	考試
	社會主義市場經濟理論	專業基礎課	考試
	法律文書	文化素質課	考試
	管理經濟學	專業拓展課	考試
第三學期	保險財務會計	專業主幹課	考試
	財務報表分析	專業主幹課	考試
	財務管理	專業主幹課	考試
	管理會計	專業主幹課	考試
	學位英語	文化素質課	考試
	Excel在經濟中的應用	專業拓展課	考試
第四學期	審計學	專業主幹課	考試
	稅法	專業主幹課	考試
	資產評估	專業主幹課	考試
	戰略管理學	專業拓展課	考試
	組織行為學	專業拓展課	考試
第五學期	畢業論文	社會實踐課	單獨考核

　　假如在教學計劃中，有一門課程會計學基礎（也可以是線性代數或者其他任何課程）的學習內容，每週安排4學時，教學18周，通過復習、考試合格，記錄成績，就結束了這門課程的學習。

　　如果按照學分制管理，教學計劃如表5.2所示。

表 5.2　　　　　××級會計學專升本教學計劃

要求必修學分：90 分

學期	代碼	課程名稱	課程類型	學分	考核方式
第一學期	2015	大學英語（二）（上）	專業基礎課	3	考試
	2057	計算機應用基礎	專業基礎課	5	考試
	2064	經濟學原理	專業基礎課	5	考試
	2065	經濟應用數學（二）（線性代數）	專業基礎課	3	考試
	2071	會計學基礎	專業基礎課	4	考試
第二學期	2063	經濟法	專業主幹課	4	考試
	2016	大學英語（二）（下）	專業基礎課	3	考試
	2066	經濟應用數學（三）（概率論）	專業基礎課	3	考試
	2092	社會主義市場經濟理論	專業基礎課	4	考試
	4020	法律文書	文化素質課	4	考試
	2037	管理經濟學	專業拓展課	4	考試
第三學期	2002	保險財務會計	專業主幹課	4	考試
	2009	財務報表分析	專業主幹課	4	考試
	2010	財務管理	專業主幹課	4	考試
	2036	管理會計	專業主幹課	4	考試
	4024	學位英語	文化素質課	4	考試
	2001	Excel 在經濟中的應用	專業拓展課	4	考試
第四學期	2093	審計學	專業主幹課	4	考試
	2099	稅法	專業主幹課	4	考試
	2138	資產評估	專業主幹課	4	考試
	2125	戰略管理學	專業拓展課	3	考試
	2139	組織行為學	專業拓展課	3	考試
第五學期	1021	畢業論文	社會實踐課	6	單獨考核

同上，合格的學習者將獲得會計學基礎這門課程的 4 個學分。我們可能會問：學習者獲得的學分為什麼是「4」學分？而不是其他數字的學分？這個「4」是怎樣來的？要回答這個問題，我們先來分析一下：

這個問題涉及學分的單位是如何確定的。這就像我們要確定各種度量衡的單位一樣：我們把多重的東西規定為 1 千克，把多長的距離規定為 1 米等。有了單位，就可以對具有共同性質的東西進行度量，如我們規定長、寬、高各為 1 米的正方體為 1 個立方米后，我們就可以用這個單位對物體的空間大小進行測量；我們把 1,000 米規定為 1 千米，就可以測量從北京到各大城市的遠近等。學分的單位確定與傳統的學校教育模式有著密不可分的關係，因為在傳統的學校教育模式裡，一般是按一學期來安排課程即學習內容的。一學期有 18 周，加上復習、考試，一共 20 周。在這個前提下，假如在學校的教學計劃中，某一部分知識、技能的學習內容，經過大量的教學實踐證明，必須而且剛好每週安排 1 課時，通過 18 周的學習及復習、考試各 1 周，才能完成教和學的目標任務，如果我們將這種情況規定為：考試合格就獲得 1 個學分，也就是通過 20 學時的有效學習行為的結果，就可以獲得 1 個學分。那麼，我們就定義了一個學分的單位，即：**20 學時的有效學習行為的結果為 1 個學分。或者說，1 個學分的標準是：20 個學時的特定知識、技能內容的有效學習行為結果**。這個定義是以傳統學校教育模式的行為習慣來定義的，因為是固有的社會行為習慣，

所以社會能夠自然地接受和公認這個定義。當然，也可以另行定義 30 學時、40 學時等其他有效學習行為的結果為 1 個學分單位。如美國的有關組織也定義 120 小時的有效學習行為結果為 1 個學分，或者其他數字，但大家不太習慣。其實，規定多少時間的有效學習行為結果為 1 個學分，本質上是一樣的，關鍵的是單位的統一性，就像我們計算時使用的進位制一樣，可以是 2 位進位制，可以是 8 位進位制、10 位進位制或 16 位進位制等。但我們平時使用的是 10 位進位制，因為大家已經習慣，使用起來感到方便，一般情況下也就沒必要再使用另外的進位制了。當我們定義了學分單位后，我們就獲得了一種對學習者在學習活動中的學習行為的學分考核量化的方法，通過對學習者在學習活動中的有效學習時間進行考核，對應獲得相關學分數。即：相關知識內容的學分數＝某一部分特定的知識、技能內容的有效學習行為所耗費的時間/20 學時。

在前例中，我們將一學期學習行為所耗費的總學時 4 課時/周×20 周 = 80 學時視為對應的有效學習行為時間，也就不難理解會計學基礎課程的學分數為什麼是 4（即 80/20）學分的問題了。

如果我們將學習者的學習行為等同於商品生產過程中勞動者的勞動行為，那麼學習者通過學習行為獲得的學分就等同於商品生產中勞動者通過勞動獲得的工資，這種獲得學分的方法，也就類似於商品生產過程中實行的計時工資制的方法。在此基礎上，我們可以進一步將

已知的一些相對基礎的知識、技能對應的學分相對固化，獲得更直接的考核有效學習結果的方法，即是用學分單位這把尺子，直接去測量學習者的有效學習結果的方法。比如，中國特有的自學考試以及駕校、技能性的實操測試等項目學習。這類考核不具體計較學習者學習時間的長短，只考核有效學習行為的結果，類似於商品生產過程中實行的計件工資制的方法。只要學習者完成或者達到相關要求，就可以獲得與之相對應的學分。因此，對應於商品生產勞動者工資報酬方式根據實際情況選擇計時工資或計件工資一樣，在基於學分單位認識的基礎上，在學分的認定（計量）方法上將根據不同情況選擇相對合理的方法。

歸納學分（計量）的獲得或者認定，傳統形式大體上有以下三種方式：

第一種方式是在學校的教學計劃中，某一門課程或部分的知識內容規定在一定時間區間內的學習行為完成後，通過考試檢查其有效學習結果。如果合格便獲得或認定其相應的學分。如前例中的基礎會計學課程為4個學分。這類學分的獲得或者認定，既要考核其學習行為的時間，又要考核其有效學習結果，有的還要求平時成績與課程考試成績合併計算為課程的總成績。這是過程性考核與終結性考核相結合的考核認定方式。

第二種方式是不考慮學習行為的時間，只檢查其有效學習結果，即只採取終結性考核的認定方式。如在中國特有的自學考試中，在專業考試計劃中，同樣是基礎

會計學，規定為 4 個學分。不管學習者的學習行為有多少學時，只要考試達到 60 分以上，即認可其有效學習結果合格，獲得相應的 4 個學分。通常情況下，水平性考試均屬此方式，如職稱考試、學位外語考試、英語等級考試等，都只進行終結性考核，根據對應的結果都可以認定其相應學分。

此種終結性考核還有一種形式是技能類考核，典型的有汽車駕照考試，即只要在實際操作中達到要求，即可獲得或認定其有效學習結果，可以獲得相應的學分。凡實際操作性、技能性的考核均屬此類型。

此種終結性考核的認定方式，從理論上講還應該並可以延伸到對論文、文章、發明、創造、著作等相關知識、技能的學分認定。

第三種方式是只考核參加學習的過程（或者時間），不考核學習行為的有效結果，即只對過程（時間）進行考核，沒有對學習行為有效結果的終結性考核。例如會計人員的繼續教育學習，各種培訓、會議等。這種學分認定的方式，由於沒有對學習行為有效結果的終結性考核，所以這種學分認定的方式應該在保證其有效學習行為的基礎上，才是真實的、合理的，否則這種學分獲得或認定的方式將只是理論上的一種方式。

總之，不同類型的學分獲得或者認定，其本質都是檢查學習者的有效學習行為的結果。學習者是否能獲得相應學分，都是以社會有效學習時間或者說以社會平均有效學習行為結果所花費的時間為標準的。

第四節　學分本質、學分標準

　　毫無疑問，學分是學習者通過學習行為獲得的，而學習者通過學習行為能獲得的應該是知識和技能。那麼，學分是獲得的知識和技能本身嗎？顯然不是。一方面，我們沒有必要將學習者通過學習行為而獲得的知識和技能本身定義為一個新的學分概念；另一方面，學習者通過不同的學習行為獲得不同的知識和技能，即有可能是相同的學分。這意味著這樣的兩部分知識和技能是一樣的或者是相等的、可以互相替代的，而事實上，不同的知識和技能是沒有可比性，也不能互相替代的，可見學分不是學習者獲得的知識和技能本身。因此，一方面，我們可以肯定學分與學習者通過學習行為而獲得的知識和技能有關；另一方面，我們又反證了學分也不是學習者通過學習行為獲得的知識和技能本身。由此判斷，學分應該是學習者通過學習行為而獲得的不同知識和技能所共同具有的某種東西，即它們具有共性的東西。而學習者通過不同的學習行為獲得的知識和技能所具有的共性——我們叫做「學分」的這個東西是什麼呢？

　　為便於理解，我們先對比一下社會商品生產過程中的商品。我們知道：商品是用於交換的勞動產品，我們購買不同的商品，就是對不同的商品進行交換。之所以能將不同的商品進行交換，是因為不同的商品都具有價值這一共

性。商品的價值由社會必要勞動時間確定，不同商品的價值表現為不同的價格，或者說不同商品的價值的抽象表現就是它的價格。商品交換要求等價交換。商品的價格用商品的一般等價物（量化單位）即貨幣來進行量化表示。對一般等價物的選擇不同，量化得到的價格就不同，如一種商品以人民幣和美元表示的價格就不同。

同樣，如果我們把學習行為等同於一種勞動（事實上它就是一種勞動），把通過學習行為獲得的知識和技能視為通過這種勞動而生產的某種產品，那麼這些勞動獲得的產品也應該有共性即價值，它們的價值抽象就應該是學分。或者說，學分是有效學習行為的價值抽象。根據勞動經濟學的價值規律理論，商品的價值由社會必要勞動時間確定，對應於不同商品的價值抽象是不同商品的價格。由此可以得到結論：學分由社會必要學習時間確定，不同知識內容學習行為的價值抽象就是與這些知識內容相對應的學分標準，其表現形式為學分數。如果我們把社會必要勞動時間簡單地理解為社會平均有效勞動時間，那麼，對於特定的知識內容學分的標準就應該由社會平均有效學習時間確定。通過以上分析，我們可以歸納出以下論點：

學分是學習行為的價值抽象，由社會必要學習時間確定（或者由社會平均有效學習時間確定）。不同知識和技能的學習行為的價值抽象表現即學分數，而特定的知識、技能的有效學習行為與其對應的學分數的結合，就是其相應的學分標準（所有學分標準的總和就是學分標

準體系)。

　　由此可以看出學分數作為不同知識和技能有效學習行為價值抽象表現的價格，已經脫離了知識和技能本身，在其計量方式確定后，只是數字的大小不同而已。不同的知識和技能有效學習行為價值抽象表現的價格，可以是相同的學分數，比如：基礎會計學這部分知識，學習者有效學習行為價值抽象表現的價格即學分數可能是 4 個學分，而理論力學這部分不同的知識，學習者有效學習行為價值抽象表現的價格即學分數也可能是 4 個學分。

　　當然，不同知識和技能有效學習行為價值抽象表現的價格即學分數，也可能是不同的。只要這些不同知識和能力沒有內在的必然聯繫與相關性，學習者對它們的有效學習行為價值抽象表現的價格即學分數，就沒有內在的必然聯繫而相互完全獨立。如圖 5.1 所示。

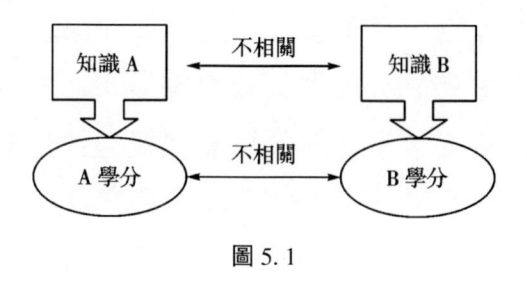

圖 5.1

　　如果這些不同知識和技能有其內在的必然聯繫與相關性，則它們的學分數應與它們相互間的聯繫與相關程度而有對應的聯繫與相關的必然性。這種對應的聯繫與相關的必然性，在排除了前面相互獨立的情況下，只能是包含或者相交的程度不同而已。

如果兩部分不同知識、技能和能力的關係是包含的關係，那麼被包含的那部分知識和技能的學分數，就應該是包含那部分知識和技能的學分數的一部分。即被包含的學分數內含於包含那部分知識和技能的學分數之中，顯然被包含的學分數小於包含那部分知識和技能的學分數。如圖 5.2 所示。

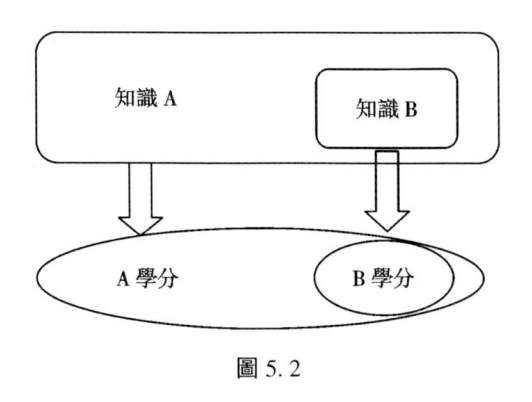

圖 5.2

如果兩部分不同知識和技能的關係是交叉的關係，那麼對應於交叉部分的知識、技能和能力的那部分內容的學分數是應該相等的，而非交叉部分的知識和技能應有其各自對應的、獨立的學分數。如圖 5.3 所示。

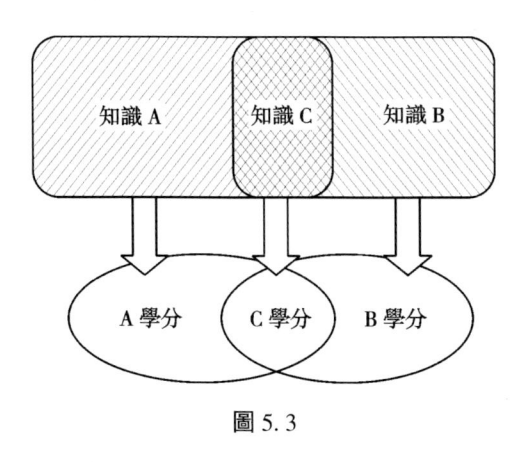

圖 5.3

對於**學分標準**而言，由於是特定的知識、技能和能力的學習行為與其學分數的結合，因此，學分標準與特定的知識和技能是密不可分的。脫離具體的知識和技能的內容，學分標準就無從談起，不同的知識和技能對應著其自身特有的學分標準。

從學分標準的構成來看，分為「知識和技能」與「學分數」兩個部分的內容。這兩部分構成內容決定了學分標準有其自身的本質屬性：

其一，由於學分是不同知識和技能學習行為價值的抽象，由價值規律要求價格必須以價值為核心波動來看，可以廣泛地理解為價值決定著價格，而學分這一學習行為結果的價值是由社會平均有效學習時間確定的，因此，學分具有社會性。從這個意義看，學分的社會性自然成為學分標準的內涵。故此，學分標準本身具有其**社會性**。或者說，任何特定的知識和技能的**學分標準**本身就是具有其社會性的標準，這是從學分標準構成的內涵而得出的認識。

其二，針對學分標準的另一部分構成，即知識和技能，我們分析如下：什麼是知識呢？應該是人類對自然、社會、文化包括人類自身客觀存在的規律的認知和瞭解。簡單來講，就是對規律的認同與識別，或者叫做科學、文化。什麼是技能呢？就是在知識的基礎上，應用其原理創造、發明、運用、解決問題的方式與方法，或者叫科學、文化、技術運用程度，而把人對科學、文化的認知與技術的創造與運用的程度叫做人的能力。

如果我們把人類本身及其社會也看成是自然的一部分，我們認為自然乃至宇宙的存在是完美而和諧的，那是因為所有的存在與表象都是有其自身的客觀規律的存在，不管人類是否認識到了這些規律，它都客觀存在於那裡。而自然的存在是無窮無盡的，大到宇宙，小到中子、誇克。所謂道法自然，各種自然的存在都蘊含著無窮的道理和規律，這就是我們把知識比作海洋的原因。因此知識是具有海量性的，由知識的海量性可以得到不同的學分標準就其數量而言也具有其**無窮性**。

　　其三，學分標準是知識和技能的有效學習行為與其對應的學分數的結合，而人類對知識的認知是不斷進步和發展的，技能則是在知識的基礎上，應用其原理創造、發明、運用、解決問題的方式與方法，或者叫科學、文化、技術運用程度。人對文化、科學、技術創造與運用的程度叫做人的能力。人類在知識的基礎上，應用其原理創造、發明、運用、解決問題的方式與方法是在不斷創新、創造、發展和提高的，導致人類對文化、科學、技術創造與運用的程度也在不斷提高，因此人類解決問題的技能與能力也在不斷創新、發展與提高的過程中，所以人類解決問題的技能與能力也在不斷發展與提高之中。這就是知識和技能的不斷運動、變化性，它決定了學分標準的**不斷運動、變化性**。

　　無論**學分標準**的**社會性**、**無窮性**還是**運動性**都具有共同的本質特徵，那就是它們都具有無限的性質，即學分標準的**無限性**。學分標準的社會性與運動性是其內涵

的無限性的表現，而無窮性是學分標準無限性外延的表現。

因此，學分標準無限性具有的內涵與外延都決定了**學分標準體系內容具有其無限性**。它告訴我們，就不同知識和技能學分標準的確定工作而言，將是一項無限的、永無止境的工作。如果我們試圖制定一套完善、完整的學分標準體系來覆蓋所有的知識和技能學習，那將是理想化的，也是永遠不可能達到的目標。這就是為什麼到目前為止，無論國內與國外、東方與西方、落后與發達國家，都不可能有一套嚴格意義上的完整與完善的學分標準體系的根本原因。

即便我們能將所有的學分標準都制定出來，根據前面的分析可知，這樣的學分標準體系也是呆板、僵化而不能適應現代社會快速發展要求的。更為核心的問題是：這樣制定出來的各種知識、技能與能力的學分標準的準確性、合理性及有效性將無法保障。因為學分是由對應於特定的知識和技能的社會有效學習時間確定的，它是自然客觀存在的東西，而不是由部分的人、機構、單位主觀制定出來的，它是由全社會的平均有效學習時間確定的。不同學校、機構、部門對學分標準的制定，或者說固化，只能是根據其自身條件去認識它、順應它、把它表現出來而已。這樣的表現是否準確、合理及有效，將有待於社會的考驗。就跟商品的價格一樣，生產企業可以定價格，但價格是否準確、合理，要看能不能通過市場實現交換。通過市場實現交換的實質是通過市場交

換實現其社會化的過程，也就是社會有效平均化，也就是勞動的社會必要化過程。學分標準也一樣，學校也好、考試機構也好，可以根據自身情況規定不同知識與技能的學分，但規定的學分是否準確、合理、有效，必須通過社會有效平均化即學習行為勞動的社會必要化過程。

　　由此可以看出，要能夠準確、合理、有效地解決不同學分標準，或者說建立學分標準體系，解決這個無限性問題，不能靠我們一個個地去制定相關的學分標準來解決，我們必須尋求一種有效而相對準確、合理地解決這個無限性問題的方法。就像數學分析裡應用極限理論的方法去解決微分、積分、圓的面積、自然對數等無限性問題一樣，而勞動經濟學運用商品價值理論，準確、合理而有效地解決了商品價值標準這個無限性問題，或者說解決了商品價值標準體系這個無限性問題。

　　因為商品的價值是由社會必要勞動時間確定的，商品的價值具有其社會性，也就具有其無限性。就現代社會的商品種類而言，也可謂琳琅滿目，具有其無窮性，同樣具有其無限性。隨著科學技術的進步與發展、生產力水平的提高，商品的價值也將不斷運動、變化，也就具有其運動性，也導致商品價值標準的無限性。從商品的價值標準體系來看，對這個無限性問題的準確、合理、有效的解決，勞動經濟學的做法並不是一個個地去確定每一個商品的價值標準，建立一套商品的價值標準體系，讓全社會的商品生產出來後，按照這樣的體系去確定它們的價值標準，標出其價格，再進行商品的等價交換，

而是運用商品價值理論的方法，將不同國家、地區、企業的個別的、局部的商品價格，通過抽象的方式，將它們放到市場經濟這個平臺上，以商品交換的方式進行比較而實現社會化平均要求，進而達到商品價值的相對確定。解決商品價值標準體系無限性問題的方法，其實就是以廣泛的極限思想解決無限性問題的方法。

同樣，對於不同的知識和技能的學分標準體系，也就是對這些知識和技能進行有效學習所付出勞動、生產出的價值的標準體系即學分標準體系這個無限性問題的準確、合理、有效的解決，也可以採用勞動經濟學運用廣泛極限思想解決無限性問題的辦法，達到解決學分標準體系這個無限性問題的目的。我們可以將不同地區、學校、考試機構的個別的、局部的學分標準，通過抽象的方式，將它們放到共同的平臺上，通過互認的方式（即市場化的方式）進行比較而實現社會化平均要求，進而達到學分標準體系的相對準確、合理、有效的解決。只有這樣來解決**學分標準體系**這個無限性的問題，才能夠保證其相對準確、合理與有效。

這並不是否定各學校、考試機構制定出的某個部分知識和技能的學分標準或學分標準體系。相反，正因為學分標準體系的無限性，更要求各學校、考試機構等制定出與其相關的學分標準或學分標準體系並將其貢獻於社會的統一平臺上。

事實上，不同的學校、考試機構、辦學單位都有其教與學及考試的相對內容的標準和要求，只是對這些教

與學及考試的相對內容是否進行了學分化計量而已。有了這些教與學及考試的相對內容的基礎，根據其自身條件（這裡的自身條件是指與其相應的學習者學習能力及教學水平等環境的局部條件）對其進行學分化計量也就變得較為容易和可能。

目前，中國的實際情況是大量的高校與自學考試機構等都已經進行了學分制管理，根據相關課程涉及的相關知識、技能和能力制定出了相應的學分標準，這與學分標準的無限性並不矛盾。因為不同的高校、自考機構等制定的學分標準都是個別的、局部的，都是根據自身條件制定的，不具備完全的社會性。因此，其準確性、合理性和有效性有待考察。也正因為有了大量個別的、局部的學分標準，我們才可能通過抽象的方式，將它們放到社會的統一平臺上、通過互認的方式（即市場化的方式）進行比較而實現社會化平均要求，進而達到學分標準的相對準確、合理、有效的確定，以解決學分標準體系這個無限性問題。這種解決學分標準體系的辦法，本質上是完全按照勞動價值理論解決商品價值標準體系的方法，是符合市場經濟規律的。因為學分是有效學習行為這種勞動的價值，學分（標準）數是學習行為勞動價值的價格，價格圍繞價值波動，學分數圍繞學分波動。

綜上所述，針對學分標準引申而出的**學分標準體系**，由於其無限性，我們不可能追求或等待建立一套覆蓋所有知識、技能和能力的完整或完善的學分標準體系，只能根據自身條件去順應、表現與自身相關的知識和技能

而制定出相應的學分標準，並將其貢獻給社會的統一平臺，進行學分標準的社會抽象，通過其市場化、社會化的互認與比較作用，實現其社會平均化要求，以保證學分標準確定的相對準確、合理與有效。

不是人為地建立一套學分標準化體系，否則將走向權威而形成壟斷，必然導致呆板、固執、僵化等一系列惡果，而是科學地掌握一種相對準確、合理、積極、靈活、有效、動態的辦法，能夠適應社會不斷發展的要求的科學方法。它可以根據社會的需要去制定相關的知識和技能的學分標準，對於社會不需要或現在不需要的相關的知識和技能就不用去或者暫時不用去制定它的學分標準，個別的、局部的需要，就由個別的、局部的機構提出其學分標準，通過其社會平均化要求，保證其相對準確、合理與有效。這就是學分標準制定的社會化或者市場化原則，即市場為王原則。

第六章　學分的概念及其應用

「學分」概念的產生是生產力發展的客觀必然要求，是教育滿足個性化學習需求的結果，學分制是教育對個性化學習行為的管理制度和方式。隨著學分制的產生與發展，與之相關的學分的認定與獲得、學分的互認與轉換、學分的存儲與累積、學分的使用與兌取等概念隨之產生。下面對學分制的相關概念做進一步考察與認識。

第一節　學分的認定與獲得

一、學分認定的本質

學分的認定是指教育管理機構對學習者的個性化學習行為結果的有效性認可，即對個性化學習勞動所創造價值的認可。它產生於學校教育制度對學習者的個性化學習行為及結果進行管理的學分制，其本質是學習者的有效學習行為結果這種勞動產品通過學分認定這種交換過程，實現其社會價值，實現學習者和社會對人力資本

的投資。這是因為勞動生產出來的產品必須通過市場交換才能夠獲得其社會價值，這裡的市場就是各種教育管理機構，如學校等機構，而交換就是學習者用自己的有效個性化學習勞動的結果與學分進行交換。通過這種交換，實現其社會價值，也就是學習者的個性化學習付出的這些學習勞動得到了社會的認可，具有了社會價值。如果學習者的學習勞動不通過教育管理機構進行學分認定這一社會的交換過程而不能獲得學分這種社會價值，那麼，這些個性化學習付出的勞動而凝聚的成果只能是產品，雖然它凝聚了有效學習勞動，但沒有實現其社會價值，也就沒有實現社會和學習者本人的人力資本投資，就不可能為社會和學習者本人帶來人力資本投資利潤回報。這就是為什麼有識之士感嘆從古至今有那麼多飽學之士懷才不遇，「千里馬常有而伯樂不常有」的內在原因。而現代科學的教育管理制度的建立，一定程度上就是要起到普遍性的伯樂職能，把學習者的有效個性化學習勞動成果通過學分認定的這種市場交換過程，實現其社會價值，實現社會及個人的人力資本投資。

二、學分認定與獲得的過程

就具體的學分認定而言，是指具體的社會教育管理機構（如學校等），對學習者的某種有效個性化學習行為的勞動付給其學分工資這種報酬，即給予其一定數量的學分數。學分管理機構是學習勞動的購買方，付出學分數這種學習勞動的工資報酬，購買學習者的有效學習勞

動。學習者是有效學習勞動的賣方，通過有效學習勞動的付出，獲得一定的學分數這種學習勞動工資報酬。所謂學分認定是相對於作為買方的教育管理機構來說的。對應於學習者個人而言，學分的認定就意味著學分數這種學習勞動工資的獲得。因此，學分的認定與學分的獲得統一於社會市場交換這個過程，是相對於社會市場交換的買與賣的雙方不同地位而言的，對於學習勞動買方的教育管理機構而言是學分認定，而對於學習勞動賣方的學習者而言則是學分的獲得。

三、學分認定與獲得的前提

要實現學習勞動買與賣的交換過程，是有前提條件的。

要實現有效個性化學習勞動與學分價值數的交換過程，首先是要有學習者的個性化學習勞動，也就是學習者個性化學習勞動的真實性和有效性。如果學習的個性化學習勞動根本沒有發生，就談不上通過交換而獲得學習勞動的工資報酬的學分數，即沒有有效勞動付出的賣，就不能有學分工資付出的買。因此，學習者的個性化學習勞動的真實性是學分認定與獲得這一交換過程實現的前提之一。相對於教育管理機構而言，如果付出學分工資，就要購買到真實的學習勞動；對於學習者而言，沒有真實地付出學習勞動就不能獲得學習勞動報酬的學分，這是學分認定與獲得的真實性前提。而不同的學習者個性化學習勞動的效率是不同的，有效學習勞動與學分進

行交換時，學習勞動凝聚的結果與相應學分工資報酬的交換應該相匹配和適應，這是等價交換原則的要求。對於教育管理機構來說，就是教育質量的保證，或者說是教育活動的有效性。如果學習者的個性化學習效率不高，或者是教育質量不高，而獲得了高於有效學習勞動價值的學分數，這將使學分價值貶值，使學習者和社會的人力資本貶值。因此，學習者個性化學習的有效性也是學分認定與獲得這一交換過程實現的前提之一。學習者的個性化學習真實性包含在有效性之內，真實程度就是有效程度，完全不真實就是零有效。這是相對於學習勞動付出的賣方而言的。而有賣方必有買方，否則交換就不能實現，買方就是教育管理機構，如學校等。而買方也應有真實有效性保證，買方真實有效性程度不高將導致兩種情況，一是付出的學分數高於個性化學習勞動凝聚的價值量，這會使得學分貶值，社會及學習者人力資本投資累積貶值，表現為教育質量水平低；二是付出的學分數低於個性化學習勞動凝聚的價值量，這會使得個性化學習勞動的凝聚不能完全轉化為人力資本的投資和累積，因而減少社會及個人的人力資本投資利潤，不利於社會經濟的發展。所以，學分認定與獲得這一交換過程的實現是以真實有效性為前提，以等價交換為原則的。等價交換是一切市場交換的原則，是指在沒有其他因素的正常市場情況下必須遵循的原則，否則交換就不能正常持續地實現。

四、學分認定的方法

在對學分認定與獲得的本質及內涵認識的基礎上，具備真實有效性前提，堅持等價交換原則下，具體是怎樣認定學習者的個性化學習結果的學分呢？這就是學分認定的方法問題。

學分認定方法是指教育管理機構根據學習者特定的有效個性化學習行為所付出的勞動給予相應學分價值的工資計量的方法。在第五章第三節學分計量中，其相應的計算公式為：學分數＝某一部分特定的知識、技能內容的有效學習行為所耗費的時間/20學時，而具體對學習行為的真實有效性考核分為三種方式：

第一種方式是過程性考核與終結性考核相結合的方式，也就是對教與學過程的時間、完成學習情況及學習終結的考試情況相結合的考核方式。對應於學習勞動的計時與完成結果的計件相結合的學習勞動的工資付酬制。

第二種方式是只採取終結性考核的認定方式，只考核學習者的學習勞動結果，不考核具體時間與中間環節情況，對應於學習勞動的計件工資付酬制。

第三種方式是只考核學習勞動過程的時間，對應於學習勞動的計時工資制。

因此，學分認定的具體方法包含兩部分內容：其一是學分計量的方法，即對某一特定的個性化學習行為的勞動結果付給學分工資的計量方法。其二是保證教育質量及目的的實現而對個性化學習勞動的真實有效性進行

考核的方法，具體包括對學習者特定的學習勞動的各種平時作業完成、考試成績、學習時間記錄、終結性考試成績等的考核方法。

五、學分認定的差異性與合理性

相對來看，學分認定的計量方法只是技術性的問題，目的是怎樣統一計量出各種個性化學習行為結果應該獲得的勞動報酬的學分數。而對於個性化學習行為勞動的真實有效性考核，代表了社會上層建築的意志，代表了國家教育主管部門、教育管理機構的要求，其本質是要求學分價值表示的學分數要與學習勞動凝聚的人力資本投資價值保持相對一致。為什麼這裡講的是「保持相對一致」而不是保持絕對一致呢？也就是說，按照前述學分認定的方法，在保證其真實有效性的前提下，我們計量出的學分數只能做到與學習者個性化學習勞動創造的價值保持相對一致，而不是絕對地相符或相等呢？這就是學分認定的差異性，或者說準確性、合理性問題。

對特定的某一部分知識、技能的學習內容，在不同的教育管理機構（如不同的學校），對其學分數的認定可能是不同的。這是因為在保證真實有效性的前提下，學分數的計算是一個分數，這個分數的分母不變，但分子是有效學習行為所耗費的時間，就是特定的教育管理機構全部學習者耗費時間的平均數。這個平均數對於不同的教育管理機構來講，由於學習者人數、學習效率、教育水平等不同，其平均數也不相同。導致這個分數值就

不相同，致使這一差異產生的根本原因是全社會的平均數與社會局部的平均數之間的差異。但是，社會局部的平均數總是以全社會平均數為標準線而上下波動的。這是由價值規律的作用決定的：學分數這一學習勞動的工資價格與價值的背離、差異是常態，而價格與價值的完全一致是偶然。而學分的認定又是個性化學習行為付出的勞動與學分價值的交換行為，這種交換行為又受供求關係的影響，即社會對某種學習勞動的需求大，對於這種學習勞動的購買付出即學分價格的學分數就多；社會對某種學習勞動的需求小，對這種學習勞動的購買付出即學分價格的學分數就少。這是市場經濟中商品價格受供求關係的影響而導致的。因此，不同教育機構對學分認定的差異性是客觀存在而合理的，但這種差異是以學習勞動的價值為標準線而波動的。這就是馬克思勞動經濟學中價值規律的作用，即價格圍繞價值上下波動。這種波動的偏差必須通過市場來進行修正，通過市場的不斷修正，才能使得學分數這種學習勞動的價格不斷地趨向於其本身的價值，使得學分數價格與其學分價值相對一致，而不是絕對相等。如果出現相等的情況也是偶然的，而不是必然的。由此可以看出，對學分價格與價值偏差的市場修正是重要的，如果這種偏差不通過市場進行修正，偏差可能會不斷擴大。正偏差的累積會使社會人力資本投資不斷貶值，負偏差的累積會使社會人力資本的部分投資不能實現，不斷減少人力資本投資的累積，挫傷個性化學習的積極性。不管是正偏差還是負偏差累

積，都不利於社會經濟的發展。而通過市場修正使得偏差的累積可以正負抵消而趨於零，也就是偏差的總和趨於零，使得社會人力資本的投資真實、合理，最有利於社會經濟的發展。

六、學分認定的意義

客觀上看，學分的認定是一項複雜的社會勞動，需要做大量的工作。那麼，人們為什麼要不辭辛勞去做這項工作呢？這就是學分認定與獲得的意義問題。

學分產生於學校教育管理制度對學習者個性化學習的真實有效性進行評價的需要，其方法是通過對個性化學習勞動的價值抽象進行管理，從而滿足學習者個性化學習的需要，而學習者個性化學習勞動的真實有效性是這種學習勞動能否形成社會人力資本投資的前提。只有通過學分認定，這種學習勞動才能成為社會有效勞動，這種學習勞動成果才能轉化為社會價值，才能形成社會及個人的人力資本投資，才能為社會和個人帶來人力資本投資回報，成為社會經濟發展的源泉。因此，學分認定的意義在於將學習者的個性化學習勞動成果轉化為社會有效勞動，實現其社會價值，形成社會及個人人力資本投資，成為個人收入增長和社會經濟增長的源泉。

第二節　學分的互認與轉換

學分的互認從形式上看是指不同的教育管理機構對其認定的學分的相互認可，但其本質還是對學習者的個性化學習行為結果有效性的認可，是學分認定與獲得的一種應用方式。

一、學分互認

學分的互認是指特定的教育管理機構對其他教育管理機構的學分認定的應用，也可以認為是特定教育管理機構對學習者的個性化學習結果的學分認定範圍的擴展，或者說對認定學分適用範圍的擴展。例如，有 A、B 兩個學校，A 學校對某一部分知識、技能這種學習行為結果認定的學分，如果 B 學校認為是真實有效的，B 學校就不用對這一學習行為的有效性再進行學分認定，而直接承認 A 學校的認定結果，而學習者在 A 學校的個性化學習行為結果獲得的學分，也相當於在 B 學校獲得的學分；反之，亦然。如果我們把 A 和 B 合起來看成一個學校的兩個不同校區，那麼在 A 認定或者獲得的學分，相對於 B 來說，也自然地應該認可，這就是 A 的學分認定（和獲得）的適用範圍的擴展。我們還可以將其理解為在 A 獲得的學分價值轉移到 B 這個教育管理機構，這就是有的國家和地區叫做學分互認而有的國家和地區叫做學

分轉移的原因。它們在本質上是一回事，只是理解這一事物的角度不同而已：學分互認是站在教育管理機構的角度，對其他教育機構的學分認定的認可；而學分轉移是站在學習者的角度對學習勞動行為結果獲得的學分價值在不同教育管理機構的認可而言的，是指在 A 獲得的學分價值轉移到 B 認可的價值來理解的。

不同的教育管理機構對同一學習勞動的學分的認定是存在合理的差異性的，這就使得不同教育管理機構間的學分互認程度有所不同，其中一種情況是等值互認，就是指 B 教育管理機構對 A 教育管理機構的學分認定完全相同，B 完全認同 A 認定的學分數，這是等值互認。至於 A 是否完全認同 B 的學分認定數，即等值認同，還得由 A 根據自己的實際情況與 B 進行對比判斷再確定。另一種情況是不等值互認，就是 B 教育管理機構對 A 的學分認定只是一定程度的認同，即對 A 認定的學分數不完全認同，也就是 B 對於 A 的學分認定是不等值認同，B 對 A 的學分認定可能是超值的認同，也可能是貶值的認同。如 A 對某一學習行為結果的學分認定為 4 學分，而 B 對 A 的這一學習行為結果的學分認定為 5 學分，這是超值互認；如 B 對 A 的這一學習行為結果的學分認定為 3 學分，這是貶值互認。至於 A 與 B 相互間的學分互認是等值、超值或貶值進行互認，這將由 A 與 B 根據自己客觀現實情況的對比與市場規律而確定。以上是對特定的學習行為勞動結果的學分在不同教育管理機構互認情況的考察，這一過程也是對在學習行為勞動這一產品

的使用價值相同的情況下其價值的相互認可情況的考察。

二、學分的相互轉換與替代

除以上情況之外，還有一種情況是某種學習行為勞動在 A 教育管理機構進行學分認定后，B 教育管理機構沒有這種學習行為勞動。在這種情況下，B 該如何去認定這種學習行為勞動的價值？這就是學分的轉換問題。

如果學習者在 A 學校的某一門課程的學習勞動結果所獲得的學分在 B 學校沒有對應的課程，這時 B 學校要認可學習者在 A 學校獲得的學分，可以用 B 學校有的而且學分數相同的學習課程來進行對應替代，這種對應替代的實質是去掉了學習行為勞動結果的使用價值，或者說是實現了使用價值替代，而 B 學校將學習者在 A 學校獲得的某一門課程的學分，對應認可為 B 學校的另一門課程的相應學分，這種學分互認的形式就是學分的轉換，或者說是學分的替代。因此，學分的轉換或者學分的替代，其實質還是學分互認的一種應用形式，只是這種互認是在學習勞動行為結果的使用價值不相同的情況下，對學分價值的相互認可，而為區別於使用價值相同情況下的學分互認，才把它叫做學分轉換或者叫做學分替代、學分替換等。也就是在學習勞動的使用價值相同時，稱為學分互認，而在使用價值不同時稱為學分轉換、學分替代、學分替換等。相對於不同的教育管理機構和學習者而言，就是學習行為勞動的內容不同。在具體的操作過程中，不同的教育管理機構間，如果是相同或者近似

的學習內容，進行的是學分互認；如果是不同的學習內容，則只能是學分轉換。當然也可能出現某一種學習內容，相對於兩個不同的教育管理機構來說，既有學分互認的部分內容，又有學分轉換的部分內容，這實際上需要分別進行處理，即對使用價值相同部分的內容進行學分互認，對使用價值不同部分的內容進行學分轉換。

綜上所述，學分認定的根本方式是在學習者行為結果的真實有效性認定的前提下，對學習者學習行為的必要勞動時間的計量，具體的認定方式有三種，即：計時與計件相結合的綜合學習勞動考核的學分工資付酬制、計時學習勞動考核的學分工資付酬制、計件學習勞動考核的學分工資付酬制。而學分互認與轉換時不同教育管理機構對已有的學分認定的運用方式，在使用價值相同的情況下，進行學分互認，學分互認有等值互認、超值互認和貶值互認；在使用價值不同的情況下進行的是學分轉換、轉移或者替代，而學分轉移、轉換或者替代一般是等值的。如果是部分使用價值相同的情況，則應分別進行相同部分的學分互認，對不同使用價值部分進行學分轉換、轉移或者替代。

第三節　學分的存儲與累積

學分的認定、互認與轉換等內容，是從教育管理機構的角度，對學習者的個性化學習勞動所凝聚的價值

（即學分）進行管理的行為，而學分的存儲與累積則是學習者個體對自己的個性化學習勞動所凝聚的價值（即學分）進行必要管理的行為，具體是指學習者將自己不同時間、地點、方式取得的學分（進行的個性化學習勞動所凝聚的價值）向特定的教育管理機構進行不斷存入、儲備，使得自己的學分（人力資本）不斷累加、積聚的行為。

在傳統的學校教育理念下，對學習者的學習行為及結果的管理是學校等教育管理機構的學籍（或者考籍）管理部門的主要職能之一，學習者在每一個學期（或每一次考試）所學習及考試的課程和成績都由學籍（或考籍）管理部門記錄和保存在學籍（或考籍）檔案裡。這些學習課程和考試成績在學籍檔案裡的記錄和保存，其本質是對學習者的個性化學習勞動成果的存儲與累積。當學習者完成了教學計劃要求的全部學習行為、考核（包括考試和考察等方式）合格（即學習行為的有效性得到保證的前提下），學校等教育管理機構對學習者頒發相關證書或者學歷、文憑。如果傳統的學校教育已經實行了學分制管理，上述過程就變為：學校教育管理機構的學籍管理部門，對學習者在每一個學期學習的內容，通過考核進行學分認定后，將這些學分記錄和保存在學籍檔案裡，進行學分的存儲與累積。如果學習者的學分存儲與累積達到了教學計劃要求的學分，學校等教育管理機構就對學習者頒發相關證書或者學歷、文憑。由此可見，學分的存儲與累積本質上是人的個性化學習行為

結果這種勞動凝聚的價值的自然存儲與累積，教育機構的學籍管理僅僅是有效記錄了這些學習勞動成果，或者是通過學分制管理記錄了這些學習勞動成果的學分價值。其區別在於學籍（考籍）管理的對象是學習行為結果還是學分。如果學籍（考籍）管理是針對學習者的學習行為結果進行存儲與累積管理，當這些學習行為結果的存儲與累積達到教學計劃的要求時，即可將所有的這些學習行為結果全部交換為相關的證書或者學歷、文憑。如果學籍（考籍）管理是實行學分制管理，就是將學習者的每一部分學習行為結果都通過學分認定轉化成學習行為勞動凝聚的價值（即學分）進行存儲與累積。當這些學分存儲與累積達到教學計劃的要求時，即可交換為相關的證書或者學歷、文憑。雖然學籍管理的對象不同，但其目的與結果都是獲得同樣的證書或者學歷、文憑。只是在學籍對學習勞動成果的存儲與累積管理直到獲得同樣的證書或者學歷、文憑的過程中，隱含著將學習者全部學習行為的勞動成果通過學分認定轉化為學習勞動凝聚的價值（即學分）的過程。因為不同知識、技能的學分價值是由社會必要學習（勞動）時間確定的，因此，學分價值的確認就是將學習者的學習行為勞動轉化為社會價值的過程。

人的個性化學習行為這種勞動是一種客觀的行為過程，也是學習這種勞動凝聚的自然過程，學習勞動的凝聚就是學習勞動的自然存儲與累積的過程。所以，學習勞動的自然存儲與累積是伴隨著學習行為的同一過程實

現的，存儲是過程，累積是存儲的結果，對學習勞動結果的學分認定就是學分存儲的過程，這個過程的完成就是學分累積結果的實現。只要學習者個性化學習勞動有效發生或者實現，這些學習勞動凝聚、存儲與累積就是客觀的、絕對的，而與這些學習勞動發生在具體的哪個時間階段、空間範圍無關，當然也就與這些學習勞動成果記錄在哪裡無關。

既然學分的存儲與累積本質上是人的個性化學習行為結果這種勞動凝聚的價值的自然存儲與累積，是客觀的、絕對的，與學習勞動發生的時間、空間無關，與這些學習勞動成果記錄在哪裡無關，並且有教育管理機構對學分進行認定、互認與轉換等管理，為什麼還要學習者對自己的學分進行存儲與累積管理呢？

這是因為，一方面，在現代終身教育和終身學習理念下，學習者的個性化學習勞動可能發生在不同的時間階段、具有不同的空間範圍、不同的學習行為方式和不同的教育管理機構。例如，學習者對不同大學的優質教育資源的學習、研究、發明、創造等這些學習勞動的凝聚，可能有的已經進行了學分認定，成為社會有效勞動，實現了社會價值；而有的學習勞動的凝聚，還只是學習勞動的結果，沒有進行學分的認定，還不是社會有效勞動，沒有形成社會價值和人力資本，對這些學習者的個性化學習勞動就需要進行有效的管理，就必須通過學分認定、存儲與累積，使其充分有效地轉化為社會有效勞動，實現其社會價值，形成個人及社會的人力資本投資

與累積，成為個人及社會經濟增長的源泉。這就要求學習者必須將自己的各種個性化學習勞動通過學分認定，存儲和累積到同一教育管理機構，實現學習價值的有效管理。

而另一方面，雖然學分的存儲與累積本質上是個性化學習勞動的存儲與累積，是學習勞動價值的存儲和累積，但具體的學分存儲和累積是通過對代表學習勞動價值的學分價格（即學分數）進行存儲和累積來實現的。而價值規律表明，價格只能相對統一地代表價值，這是從價格總的趨向性和總的平均性來看的，具體的價格始終背離價值是常態，不同時間、空間的價格的高低是受供求關係影響的。這就規定了學習勞動凝聚的價值不受時間、空間的影響，但要把這些價值用價格表現出來就要受到學習勞動發生時的時間和空間的影響。而事實上對同一知識、技能的學習，在不同的時間，不同的教育管理機構認定的學分數可能是不同的。這是因為科學的認知和技術的發明可能要花費人們大量的時間，但當這些科學知識和技術發明被廣泛認識和應用后，人們再去學習它們所耗費的時間就要相對少很多。基於以上兩方面原因，學習者對自己的個性化學習行為勞動所凝聚的價值即學分進行存儲與累積的管理行為是必要的和重要的，它將直接影響學習者自身的人力資本投資累積和利潤回報。

第四節　學分的使用與兌換

　　學分的存儲與累積的目的就是使用，因為學分本身具有社會價值。就像我們在銀行裡存儲與累積貨幣這種社會價值一樣，我們每月將工資的一部分存儲到銀行裡進行累積，當這些社會價值累積到一定程度后，我們就會產生現實的交換慾望，如買汽車、買住房等。汽車可以滿足我們交通的使用需要，住房可以滿足我們居住的使用需要。同樣的，學分這種社會價值的使用也可以滿足我們對使用價值交換的需要，對學分的使用可以交換到文憑、證書等，對這些東西的使用可以帶來實際的收益。因此，學分的使用與兌換，就是用存儲和累積的學分價值去交換要使用的東西，這些東西一般是指學歷、文憑、職業資格證書、上崗證等能夠帶來人力資本投資利潤的實際經濟收益的東西。使用學分的過程就是兌換的過程，只是我們使用學分是對交換過程的強調，學分的兌換是對交換結果的強調而已，兌換了這些東西就是學分使用的結束，學分的使用與兌換統一在價值交換這一過程中。學分的使用與兌換能否實現，取決於交換雙方的條件或者意願是否一致，能否達成統一。這些條件和意願可以歸結為兩個方面：第一個方面是價值的統一，因為交換就必須遵循等價交換的原則。對學習者來講，就是自己存儲與累積的學分數是否達到交換文憑、證書

等所要求的最低學分數量的要求。第二個方面是使用價值需求的一致性。這是指教育管理機構頒發的文憑證書等是符合或者包含學習者需要的使用價值的文憑、證書等。如果學習者需要的是會計專業的使用價值，而學校只能頒發文學專業的文憑、證書等，這時的使用價值就不能滿足學習者的需要，交換就不能完成。同樣，如果學校頒發的是會計專業的文憑、證書等，而學習者存儲與累積的學習勞動的使用價值都是文學專業的，此時學習勞動的使用價值不符合會計專業的文憑、證書等對使用價值的要求，交換也不能完成。所以，學分的使用與兌換的本質是價值交換過程，而這一價值交換過程能否完成與實現，取決於交換的雙方對價值和使用價值兩個方面的需求能否同時在交換過程中都得到滿足。如果在交換過程中，價值和使用價值雙方都能夠得到滿足，交換就能夠完成與實現。否則，交換就不能完成與實現，就不能實現學分的使用和兌換。

第七章　社會對個性化學習的尊重

　　學習者的個性化決定了人的個性化學習需求是客觀的、絕對的，符合人的生存與發展、歷史與社會發展進程規律。因此，人類個性化學習需求是值得人類社會尊重的客觀事實。從選課、選課制到學分、學分制的產生和發展過程來看，選課制、學分制是傳統學校教育模式空間、時間環境裡對學習者個性化學習的尊重，是對學習者個性化學習要求的盡可能的滿足。不僅如此，在傳統學校教育模式時間、空間環境外，人類社會對人的個性化學習的尊重，對學習者個性化學習要求的盡可能的滿足，是從古至今從來如此、一如既往的。

第一節　工業文明之前社會對個性化學習的尊重

　　從人的自然成長與生存過程來看，由於人自身學習能力的差異性和所處社會環境的差異性，使得特定個體

人的一生的學習本質上都是個性化的，人從出生后的牙牙學語到走、跑、跳到基本生活能力的獲得，都離不開父母、長輩的細心照料、呵護與傳幫帶。成年后，無論是狩獵、畜牧、農業生產、手工業生產等生存技能，也是從父兄長輩、拜師學藝的師傅處獲得的。因此，在非戰爭等特殊時期，社會對人的成長及生存普遍是關心、鼓勵、幫助與尊重的。

從社會上層建築的教育來看，教育對人的成長及生存過程即對人的個性化學習，在不同的歷史、社會時期，也在一定程度上盡可能地給予關心、鼓勵與幫助。如：中國歷史上影響最大的思想家和教育家孔子，創辦私學，打破了西周以來「學在官府」的傳統，成為中國歷史上第一個大規模招收學生的教育家，開創了私塾教育的先河。

從人類取得的科學技術成就來看，古希臘、古羅馬時期的科學技術在哲學、天文學、數學、力學、醫學、生物學、地理學和物理學等方面都取得了偉大的成就。其中的自然哲學為哲學與理論自然科學的發展奠定了基礎，稱為「前蘇格拉底哲學」，主要是關於「宇宙的生成和自然的本原相關問題」的研究，核心是「本原」問題，是關於宇宙萬物和萬物的必然性或規律性的知識，稱為宇宙論時期。而古希臘偉大的哲學家、數學家、物理學家、力學家，靜態力學和流體靜力學的奠基人，享有「力學之父」美稱，與高斯、牛頓並稱為「世界三大數學家」之一的阿基米德，在物理學方面證明了物體在

液體中所受浮力等於它所排開液體的重量，被稱為阿基米德原理。他發現了力學的槓桿原理等，曾有「給我一個支點，就能撬起整個地球」的名言。歐幾里得也是古代希臘最負盛名、最有影響的數學家，他的《幾何原本》對於幾何學、數學以及科學的未來發展，對人類的整個思維方法都有極大的影響。他還對數論、無理數理論等進行研究，並最早使用了公理化的方法，成為後來建立任何知識體系的典範。這些僅僅是大量古代西方文明科技成就的代表。而在東方的中國，古代科技成就體現在造紙、印刷、紡織、陶瓷、冶煉、建築等方面，與古希臘文明同時期的春秋戰國時代，以孔子、老子、墨子為代表的三大哲學體系以及各種思想及學術流派紛呈，形成諸子百家爭鳴的繁榮局面，與古希臘文明相輝映。這些是中國古代科學技術成果的代表。所有人類取得的科學技術成就，其本質都是人的個性化學習獲得的結果，都包含著人類社會對人的個性化學習的關心、鼓勵、幫助與尊重。

雖然歷史上也曾有教會神學禁止哥白尼「日心說革命」、將伽利略迫害致死，秦始皇「焚書坑儒」、漢武帝「罷黜百家，獨尊儒術」等反科學行為，但從歷史與社會螺旋式發展與進步意義來看，人類社會對學習者個性化學習的要求，從古至今都給予了盡可能的滿足。

第二節　工業文明社會對個性化學習的尊重

人類社會從農耕文明跨入工業文明以后，對人的個性化學習更加重視。與之前各社會歷史時期相比，關心、支持、幫助程度進一步提高。這一時期的教育更加主動地服務於個性化學習的需要，主要體現在現代傳統學校教育環境內的選課制、學分制等及其學校外社會環境的相關教育制度。

一、函授教育

函授教育最早起源於英國。由於其島國環境因素，信息的交流與溝通顯得極其重要。在 17~18 世紀，英國郵政業已相當發達，已經具備現代郵政的各種功能，處於世界各國領先地位，郵政通信基本覆蓋英國社會。到 18 世紀蒸汽機被廣泛應用，人類社會跨入工業文明時期，生產力的發展導致社會大分工，對社會提出大規模的專業技能人才的需求，從而導致相對大規模專業技能人才的共性學習需求。教育為適應和服務於生產力發展要求，滿足這一共性學習需求，建立了現代意義的傳統學校教育。幾乎在現代傳統學校教育產生並建立的同一時期，同樣由於生產力發展導致社會大分工，社會各行各業得到快速發展，經濟活動異常活躍，在學校教育時空以外存在各種不同的個性化學習需求。為滿足這些不同的個

性化學習需求，在當時的歷史客觀環境下，必然也只能產生與之相適應的函授教育來盡可能地滿足這些不同的個性化學習需求。這就使得函授教育應運而生。

據北京交通大學陳庚教授介紹，最早的函授教育發源於英國工業革命時期，由於當時社會大分工，社會各行各業得到快速發展，經濟活動異常活躍，各種商業溝通、談判頻繁，要求對其溝通、談判內容進行真實記錄和固化。但在當時沒有錄音、錄像設備的情況下，只能通過速記的方法才能相對真實、客觀地記錄下現場溝通、談判內容。這就產生了文秘人員學習速記的社會需求。而當時教授速記這一技能的教師相對缺乏，其中的佼佼者受到社會的廣泛歡迎，但由於其時間、空間的限制，不能滿足社會的廣泛需要，遂將其講授內容整理成教材資料，通過郵局信函寄發方式，將教材資料寄發給學習者自行學習。后來，便將這種通過郵局信函寄發方式寄發教材資料給學習者進行學習的模式叫做函授教育。

中國在新中國成立初期，為適應百廢待興對各行各業人才的需求，首先從師資培養抓起，由東北師範大學率先引進了函授教育，部分高校也進行仿效，通過函授教育方式培養出了大量的師資，為各行各業的人才培養做出了巨大貢獻。

函授教育最顯著的特點是突破了學校教育的時間、空間限制，通過提供學習資源的自學方式，突破了教師與學生之間的面授方式，實現了教師與學生在時間、空間上的分離，使得學習者在任何地方都可以進行學習，

因此學者也將函授教育稱為第一代遠程教育。而另一特點是一定程度上實現了優質教育資源的社會共享，通過優質教育資源的不斷社會化，不斷提高學習與教育的質量和水平。其不足之處是教與學過程中的交互性差，只能通過信函的方式進行互動，難以實現教學相長。其另一不足之處是教育的個性化不同程度地被過濾、損失，學習過程的樂趣也就不同程度地被過濾、損失。因此，在函授教育的方式裡就不能體會到易中天、錢文忠、紀連海、於丹等百家講壇大師們風趣幽默、妙語連珠、個性十足的風采與樂趣。

函授教育相對於社會主流共性化學習的學校教育來說，是個性化學習形式；而相對於參加函授學習的人群來說，就是共性化的學習；相對於特定學習的個體，又是個性化的學習。這就是共性存在於個性之中，共性是相對的、抽象的，而個性是客觀的、絕對的。因此，**函授教育是社會對個性化學習的尊重，是教育對個性化學習需求的適應與滿足。**

二、廣播、電視教育

隨著無線電技術、電視機的產生與發展，人類社會電氣化時代到來了，作為上層建築的教育，積極利用廣播、電視等新技術為生產關係、生產力服務，滿足學習者的個性化學習需求是社會進步與發展的必然結果。相對於函授教育而言，廣播、電視教育的內涵或者說本質並沒有發生多大改變，只是教育形式或者說教學手段發

生了改變，它將函授教育的郵局信函寄發方式改變為相對先進的廣播、電視信號傳輸方式，使得學習資源的提供變得更為方便和快捷。也就是說，廣播、電視教育在保持了函授教育兩大顯著特點，即時空分離與優質教育資源社會共享這兩大顯著特點的基礎上，改善了學習資源的提供方式，使其更為方便、快捷。同時，新技術在教育上的應用也不同程度地保持了教育自身的個性化內容，使得學習者能夠體會到教育本身的個性化在學習過程中的樂趣。例如百家講壇的大師們給我們帶來的個性化教育，使我們感受到學習是一件輕鬆愉悅的事情。從函授教育與廣播、電視教育的內涵或者本質來看，廣播、電視教育是函授教育的繼續與發展。因此，學者把廣播、電視教育稱為第二代遠程教育，其目的都是為了滿足不能適應學校教育模式而存在於社會的個性化學習需求。因此，廣播、電視教育也是**社會對個性化學習的尊重，是教育對個性化學習需求的適應與滿足**。

中國改革開放初期，國家、政府將工作重心轉向了經濟建設，生產力得到迅速發展，各行各業需要大量適應社會主義市場經濟發展要求的應用性實用型人才。在國家恢復高考制度的同時，實施了電大教育，針對「文革」時期教育的缺失，對社會廣泛而大量存在的、不可能完全實現學校教育的學習需求進行補償性的滿足。中央廣播電視大學及各省、市廣播電視大學，為加速中國改革開放時期人才培養，適應社會主義市場經濟發展要求，培養了大量的應用性實用型人才，為中國的改革開

放做出了應有的貢獻。

三、網路教育

從 20 世紀 60 年代美國軍方發明第一臺計算機，標誌著人類社會跨入數字化時代，到 1991 年 8 月 6 日，英國的蒂姆・伯納斯・李向世界公布萬維網項目，人類從此跨入計算機網路時代。計算機信息及網路技術不斷地融入各行各業之中，自然地，這些技術也被教育運用到其發展過程中。比較典型的案例是美國可汗學院的產生與建立。

薩爾曼・可汗中學畢業后，進入麻省理工學院，獲得了數學學士學位、電子工程與計算機科學學士學位及碩士學位，又在哈佛商學院獲得了工商管理碩士學位。這位「全能型」的可汗進入了美國的一家基金公司工作。到 2004 年時，可汗的表妹納迪亞上七年級，親戚希望可汗能幫助輔導表妹納迪亞的數學課程，但是他們住在不同的城市，相距甚遠，只能運用「雅虎通聊天軟件」「互動寫字板」和電話進行輔導。這樣的教與學的方式取得了較好的效果，使得其他親朋好友也不斷地上門討教。天才的可汗應接不暇，只能把自己的數學輔導材料製作成視頻，發布到 YouTube 網站上，提供給更多的人進行分享。視頻受到上網學習者們的歡迎，學習者們不斷提出各種學習需求，使可汗欲罷不能。到 2007 年，可汗成立了「可汗學院」，通過網站，用視頻講解不同科目的內容，並解答學習者提出的問題，提供在線練習、自我評

估及進度跟蹤等學習工具。這些做法，使這個網站的平均點擊量每月達到 200 多萬次，受到社會的廣泛好評。2009 年，可汗辭掉基金公司的工作，全身心投入「可汗學院」的建設中。這是計算機信息及網路技術應用到教育領域的個性化發展。就一般情況來看，美國算是高等教育最發達的國家之一，高等學校眾多，即便如此，也由於地域、環境及家境、年齡等各種個性化因素，不能保證所有的人都能夠進入大學校園裡學習。為了讓更多的人能夠圓「大學夢」，滿足社會時空環境裡的個性化學習需求，現代遠程教育即網路教育應運而生，並得到了迅速發展。從以下一組統計數據可見一斑：1995 年，美國有 28% 的大學提供網上課程，到 1998 年有 60% 的大學提供網上課程。不僅一般大學通過互聯網進行教學，包括哥倫比亞大學、斯坦福大學這些世界名校也提供網上課程，開墾網路教育的「新田地」，使參加網路學習的人數增長率達到了平均每年 300% 以上。由此可見計算機信息及網路技術應用到教育領域的共性化發展。我們將這種通過互聯網方式進行學習的模式叫做網路教育，也稱為第三代遠程教育或者現代遠程教育。

　　網路教育在繼續保持了第一代、第二代遠程教育的兩大顯著特點，即時空分離、優質教育資源社會共享的基礎上，更加改善了學習資源的提供方式。隨著移動數字化學習資源在網路教育中的應用，使得學習資源的提供不僅方便、快捷，而且具有了點對點、點對面的雙向互逆性。特別是第三代遠程教育獨有的教與學的雙向交

互性，使得教與學之間能夠通過互聯網實現互動，理論上實現了課堂教學的應有功能。這是第三代遠程教育區別於前兩代遠程教育的獨有的特徵。

20世紀末，中國開始對網路教育進行探索，到2002年，教育部批准了68所高校進行網路教育試點，這也正是中國生產力發展水平從製造業、人力資源大國向強國轉型發展時期，要求教育要盡其可能服務於學習者的個性化學習要求，為研究型、創新型、個性化人才培養做出其應有貢獻。隨著中國網路教育學習形式的發展，目前僅教育部批准的68所網路教育試點高校學歷教育年招生量已在100萬人以上。如果考慮到非學歷網路教育的應用，足可見其極大程度地滿足了社會個性化學習需求，為學習型社會的建設做出了應有貢獻。

網路教育就其本質來看，同樣是利用計算機信息及網路技術的當代**社會對個性化學習的尊重，是教育對個性化學習需求的適應與滿足**。

四、高等教育自學考試

20世紀70年代后期至80年代初期，隨著經濟改革與對外開放，生產力得到了極大的釋放，各行各業發展迅猛，社會對各種實用性、應用型人才有著大量急迫的需要，但由於「文革」期間高等教育停招、停辦，社會積存了大量的學習需求。雖然在1977年恢復了高考制度，但每年通過高考進入高等院校學習的人數只能占到參加高考人數的百分之幾，形成了「千軍萬馬過獨木橋」

的情形，國家也拿不出更多的資源投入高等教育。根據中國現實情況，本著費省效宏、少花錢、多辦事，多出人才、快出人才的原則精神，中國在20世紀80年代初期開始了中國特有的高等教育自學考試制度探索。最先由有條件的省、直轄市根據其自身條件指定相關專業主考院校，由主考院校制訂相關專業計劃，確定開考課程，負責教材編寫、出版、命題、閱卷等工作。在各省、市探索的基礎上，1988年國務院頒布了《高等教育自學考試暫行條例》，2014年7月9日國務院第54次常務會議通過的《國務院關於修改部分行政法規的決定》修改了《高等教育自學考試暫行條例》相關規定，於2014年7月29日由國務院總理李克強簽署《中華人民共和國國務院令第653號》，新條例開始實施。在條例第一章總則的第一條說明條例是根據《中華人民共和國憲法》第十九條「鼓勵自學成才」的規定制定的條例。第二條稱高等教育自學考試是對自學者進行以學歷考試為主的高等教育國家考試，是個人自學、社會助學和國家考試相結合的高等教育形式。高等教育自學考試的任務，是通過國家考試促進廣泛的個人自學和社會助學活動，推進在職專業教育和大學后繼續教育，造就和選拔德才兼備的專門人才，提高全民族的思想道德、科學文化素質，適應社會主義現代化建設的需要。第三條稱中華人民共和國公民，不受性別、年齡、民族、種族和已受教育程度的限制，均可依照本條例的規定參加高等教育自學考試。第五條稱高等教育自學考試的專科（基礎科）、本科等學

歷層次，與普通高等學校的學歷層次水平的要求應相一致。我們從國家頒布的《高等教育自學考試暫行條例》的以上幾條內容可以看出：根據《中華人民共和國憲法》第十九條「鼓勵自學成才」的規定建立起來的、中國特有的高等教育自學考試制度，也是為了適應改革開放對各種人才的大量需求，完全突破傳統學校教育的時間、空間的限制，滿足學習者各種不同的個性化學習需求而建立的一種教育管理制度。這種制度是符合終身教育理念的，現在仍然發揮著巨大作用。

　　帶有深刻的工業化生產烙印，以標準化、集約化、流水線方式培養人才的現代傳統學校教育理念與終身教育理念是對立統一的矛盾的兩個方面。其統一體現在這兩種教育理念都是為生產力發展要求服務的，現代傳統學校教育理念包含於終身教育理念之中，是終身教育理念的構成部分。其矛盾體現在不同時期生產力發展要求不同，導致矛盾運動的主要方面與次要方面的地位不同。

　　這也說明了為什麼在標準化、集約化、流水線方式培養人才的現代傳統學校教育理念的不同時期，也有函授教育、廣播電視教育、網路教育的同時存在，也有蒸汽機、發電機、計算機、網路技術的研究、創造、發明。同樣，在滿足個性化學習要求終身教育理念的不同時期，也一直存在標準化、集約化、流水線方式培養人才的現代傳統學校教育理念與教育模式。因此，只要人類社會存在商品生產，這兩種理念與其對應的教育就會存在。這也是導致教育自身細化的根本原因。中國乃至世界高

等教育向研究型、創新型、個性化人才培養與向應用性實用型人才培養的細化趨勢是符合這一矛盾運動客觀規律的，是符合生產力發展對教育的兩個不同方面要求的客觀規律的。

第八章 「學分銀行」教育管理制度

從勞動經濟學的角度，我們將人的學習行為看成是一種特定的勞動，這種勞動也創造其相應的價值，表現在教育領域裡即學分。而各種教育內容及形式的實現是社會對人力資本的投資方式，各種教育管理制度的本質是對人力資本的社會投資，即對學習行為獲得的學分價值及其累積形成的人力資本進行管理，表現為各種學歷、文憑、職稱、技術等級證書等，目的是追求更高效益的人力資本投資回報。

第一節　時代的呼喚與要求

人的個性化學習是客觀的、絕對的、值得尊重的。科學技術的發展推動著生產力向前發展，對人的個性化學習提出了更高的要求。作為上層建築的教育，會不斷、主動、積極地適應、服務、滿足人的個性化學習需要，

這不僅僅因為人的個性化學習是值得尊重的，更有其內在的必然原因。究其根本，是因為各種教育內容及形式的實現是社會對人力資本的投資方式，是投資就得講效益，而人力資本的投資是社會經濟增長的源泉，是效益最佳的投資。這正是教育服務於個性化學習、服務於生產力發展要求的內在必然動因。

亞當·斯密在其經濟學奠基之作《國富論》中，把人的技能與熟練程度（現在稱為人力資本）作為固定資本的四個組成部分之一。他說，學習一種才能，需受教育，需進學校，需做學徒，所費不少，這樣費去的資本，好像已經實現並固定在學習者的身上。這些才能，對於他個人自然是財產的一部分，對於他所屬的社會也是財產的一部分。個人增進的熟練程度，可以和便利勞動、節省勞動的機器和工具同樣被看成是社會上的固定資本。學習的時候，固然要花一筆費用，但這種費用，可以得到償還，賺取利潤。①

美國經濟學家舒爾茨在20世紀五六十年代奠定了現代人力資本理論基礎，闡述了其概念與性質、內涵與形成途徑及其在經濟與社會發展方面的意義，主要表現在四個方面。即：①人力資本寓於人的身體之中，表現為知識、技能、體力價值的總和；②人力資本是通過人力資本投資形成的；③人力資本投資是經濟增長的源泉；④人力資本投資是效益最佳的投資，等等。人力資本的

---

① 亞當·斯密. 國富論 [M]. 王亞南，郭大力，譯. 北京：商務印書館，1972：251-258.

形成與人力資本存量的增加來源於人力資本投資。人即勞動力的素質結構，如知識程度和存量、技能狀況、生理與心理健康狀況構成人力資本的實體，凡是有利於形成與增加勞動力素質結構的行為與費用，有利於提高人力資本利用率的費用都是人力資本投資。人力資本的投資方式有教育、健康、勞動力流動三個方面。

所有的生產都是人的生產，作為生產主體的勞動者具有的科學文化知識、職業技術知識、生產業務技能等經過人力資本投資而形成的人力資本在生產過程中起著重要的甚至決定性的作用，其根本原因是人在生產力發展中的地位極為崇高，作用極其重要。因此，反應在決定國民收入增長的因素中，人力資本占越來越大的比重和份額。

在瓦特改良蒸汽機之前，人類社會生產力的發展主要靠直接經驗的累積和勞動對象即人口的增加。跨入工業革命時期后，進入完全以商品生產為目的的商品生產社會形態，大規模的社會化大分工，形成了以社會商品生產與服務為核心的各行各業。為適應商品生產各行各業對培養專業化技能的大規模勞動者的要求，產生了現代意義的傳統學校教育模式，其形式以標準化、規模化的流水線方式培養社會需要的勞動者。其主要教育理念是基於人的前半生學習、后半生工作，即社會對人的前半生進行人力資本投資，形成人力資本，人的后半生進行勞動生產，創造價值，社會回收人力資本投資利潤。

科學技術的發展與進步推動著生產力的不斷發展與

進步，工業革命從機械化進入電氣化繼而進入信息化時期，引發社會分工不斷細化，對傳統學校教育提出更加專業化、個性化的人才培養要求，傳統學校教育模式的缺陷凸顯。為適應生產力發展的需要，滿足學習者個性化學習的要求，選課、選課制和學分、學分制在傳統學校教育裡產生了。

隨著科學技術的不斷發展與進步，工業革命進入信息化、網路化時期之后，科學發展加速、技術更新週期縮短，生產力對職業化、個性化人才培養提出了更高的要求，傳統學校教育，無論其規模還是先進程度，都已經不能完全滿足現代的學習者對個性化學習的各種要求。雖然傳統學校教育也在建設研究型、創新型大學，加強學科、學術交流等諸多方面付出了努力，但仍不能完全滿足現代的學習者對個性化學習的所有要求。這時，人的個性化學習要求以及社會對人力資本的投資已經外延、超越了傳統學校教育的空間與時間，必須建立一種新的教育制度，這種新的教育制度應該更加能夠滿足學習者對職業化、個性化學習的要求。這就是職業教育與成人教育產生的內在原因。職業教育是成人教育的組成部分。成人教育的理念是：作為勞動對象的人，不僅需要學校教育，在其離開學校以後的職業生涯中，還需要繼續進行不斷的職業技能等的學習和教育。從這個角度來看，自然能理解教育理念從學校教育向成人教育再向繼續教育延伸，最終發展為終身教育理念的建立。而教育理念是教育制度建立的指導思想。現代意義的傳統學校教育

模式是應工業化商品生產對專業化勞動者規模化培養的要求而進行設計並產生的。在當時，生產力水平對商品生產的勞動者、人才培養的要求還不高，只要健康的人在其自然成長過程中加上學校教育的學習、培養，就可以達到當時商品生產對勞動者專業化技能的要求。在那樣的社會時期及生產力水平的要求下，傳統學校教育模式是以完全能夠滿足生產力發展及社會的要求為前提而設計的，因此、對應於這個時期的教育理念是：健康自然的人，在接受完學校教育后，即成為具有專業化技能的勞動者，人們接受教育的活動到此結束。與之對應的教育理念也就自然地指向傳統學校教育並延續下去。而事實上，人的學習行為從出生開始，就伴隨其一生，無論其自覺不自覺、意識到沒有，都處於不斷的學習過程中，這是客觀存在的。而隨著生產力的不斷發展、對人才培養的要求不斷提高，傳統學校教育也在不斷做出適應性的努力，但仍不能滿足學習者的所有個性化學習要求時，教育就必須對自身的教育理念進行反思，也就自然會發現傳統學校教育理念的歷史局限性，尊重人的學習行為從出生開始就伴隨其一生的客觀事實，進而提出終身教育的教育理念。由上述分析，不難看出：終身教育理念的提出有其歷史必然性與內在的客觀規律性。

其實，終身教育的思想最早可以追溯到古希臘哲學家柏拉圖關於哲學的教育思想和亞里士多德的閒暇教育思想。在工業革命時期，成人教育大規模出現，標誌著終身教育思想的初步確立。進入20世紀90年代後，終

身教育的觀點在國際上得到了廣泛的認同。中國首次引入終身教育理論是在 20 世紀 80 年代，並於 1995 年全國人大通過的《教育法》中明確規定「國家適應社會主義市場經濟發展和社會進步的需要，推進教育改革，促進各級各類教育協調發展，建立和完善終身教育體系」[①]

在春秋時期，晉平公問於師曠曰：「吾年七十，欲學，恐已暮矣。」師曠曰：「何不炳（秉）燭乎？」平公曰：「安有為人臣而戲其君者乎？」師曠曰：「盲臣安敢戲其君？臣聞之：少而好學，如日出之陽；壯而好學，如日中之光；老而好學，如炳（秉）燭之明。孰與昧行乎？」平公曰：「善哉！」這個時期就已經有知無涯而生有涯，活到老學到老，人自誕生之日起，學習就成為整個人類及其每一個個體的一項基本活動的終身教育思想。

終身教育觀念的確立，實際上是教育反省自身傳統教育觀念，在尊重客觀存在事實的基礎上，對教育理念做出發展性的調整。它將傳統學校教育的理念發展到了人的一生，超越了學校教育的時間與空間。

在教育主動服務於生產力發展的過程中，從現代傳統學校教育理念產生開始，就伴隨著學習者的個性化學習要求不斷突破其時間、空間的情況：

從 17~18 世紀英國郵政發展產生的函授教育，就是為了適應和滿足學習者個性化學習要求而產生並建立的，這是第一代遠程教育。

[①] 趙芳. 終身教育是時代發展的必然 [J]. 科教文匯（旬刊），2013（10）.

隨著無線電技術的發明、電視機的產生與發展，電氣化時代的廣播、電視教育是函授教育的繼續與發展，這是第二代遠程教育。

而在計算機及網路技術的產生與廣泛應用的今天，信息化時代的網路教育是廣播、電視教育的進一步發展，這是第三代遠程教育。還有在 20 世紀 80 年代初期建立起來的、中國特有的高等教育自學考試制度，它們都是對傳統學校教育時空突破的典型案例。

帶有深刻的工業化生產烙印，以標準化、集約化、流水線方式培養人才的現代傳統學校教育理念與終身教育理念是對立統一的矛盾的兩個方面。其統一表現在這兩種教育理念都是為生產力發展要求服務的，是相互依存的，相互不可取代，傳統學校教育包含在終身教育之中，是終身教育的重要組成部分；其矛盾表現在不同時期生產力發展要求不同、導致矛盾運動的主要方面與次要方面的地位不同。這也說明了為什麼在標準化、集約化、流水線方式培養人才的現代傳統學校教育理念的不同時期，也有函授教育、廣播電視教育、網路教育的同時存在，也有蒸汽機、發電機、計算機、網路技術的研究、創造、發明。同樣，在滿足個性化學習要求的終身教育理念的不同時期，也一直存在標準化、集約化、流水線方式培養人才的現代傳統學校教育理念與教育模式。因此，只要人類社會存在商品生產，這兩種理念與其對應的教育就會存在。這也是導致教育自身細化的根本原因。中國乃至世界高等教育向研究型、創新型、個性化

人才培養與向實用性、應用型人才培養的細化趨勢是符合這一矛盾運動客觀規律的，是符合生產力發展對教育的兩個不同方面要求的客觀規律的。

從現代勞動經濟學的角度來看，從學校教育理念的前半生學習、后半生工作，發展到終身教育的前半生學習、后半生邊工作邊學習的終身教育理念，社會對人力資本的投資體現為：從對人的前半生投資形成基本的人力資本，后半生回收投資資本利潤，發展到對人的前半生投資形成基本的人力資本，后半生邊回收投資資本利潤，並繼續投資形成人力資本增量從而獲得更多的人力資本投資資本利潤。這也是社會和上層建築的教育積極為人的個性化學習服務，為生產力發展要求服務，不斷為人力投資形成人力資本服務的內在動因。

從生產力的發展對教育發展推動的客觀規律來看，從開始的現代意義傳統學校教育模式設計的缺失，到學習者個性化學習要求的凸顯，到選課、選課制和學分、學分制的產生，是學校教育內部環境裡教育適應學習者的個性化學習要求的發展。在學校教育外的社會環境，從函授教育的產生、廣播電視教育的產生到網路教育的產生與發展以及中國特有的高等教育自學考試制度的建立，職業教育、成人教育、繼續教育至終身教育理念的確立，都是生產力發展要求的必然結果，是從低級逐步向高級、從內涵發展到不斷外延而連續發展的，其目的都是為不斷地、盡可能地滿足學習者個性化學習要求而進步和發展的。那麼，人類歷史進步及社會發展到當今

的「互聯網+」時代，我們對人的個性化學習需求是否都能夠給予完全的滿足呢？

西方經濟學認為，人類可以使用的物品和資源，包括自然資源、人力資源和人工製造的生產設備等，都是稀缺的，而人的慾望却是無限的。有限的稀缺資源不可能滿足人的無限慾望。因此，人類必須在有限的資源條件下，將其有效地運用於滿足人類最重要的目標上，這是資源稀缺規律。反之，如果資源能夠滿足人類的慾望，像陽光、空氣一樣容易獲得，那麼人就不必付出任何努力來獲得這些物質生存資料，人人都可以隨心所欲地得到自己想要的東西，就沒有任何人關心不同的人或不同的社會階層的收入分配是否公平的問題，就不需要制定相應的政策來協調和解決分配問題。因此，資源的稀缺性決定了人不可能無代價地獲取滿足生存需要的物質資料，稀缺的資源只能滿足人們消費慾望的極小部分。因為人的慾望的無限性，所以在任何經濟活動中，最重要的是有效地利用有限的資源。或者說，在資源稀缺的條件下對有待滿足的目標進行選擇，使稀缺資源得到有效率的使用。資源的稀缺性是西方經濟學研究的起點，回答如何在稀缺條件下實現資源的有效配置和利用是西方經濟學的根本任務。根據以上觀點，如果我們把人的個性化學習需求看成是人的慾望，因為慾望的無限性與滿足慾望的社會資源的有限性矛盾，因而不可能使人的個性化學習需求得到完全的滿足，這是理論得出的結果。而事實上，教育資源特別是優質教育資源不可能集中在

某一個範圍,而是分佈於社會的各行各業、不同的學校等,即分佈於不同的時間、空間,使得學習者對其的獲得並不容易,所以才有文人墨客「讀萬卷書、行萬里路」,和尚、道士雲遊四海,武俠人物行走江湖,徐霞客旅遊和唐僧西天取經等。這些都可以看成是對優質教育資源的追求與人的個性化學習的滿足。由於資源分佈的廣泛性,在終身教育學習理念下,人一生的個性化學習可能發生在不同的學校、行業,不同的時間、地點,各種有效學習行為勞動創造的價值即學分獲得於不同的時間、空間,人力資本的投資與形成也發生於不同的時間、空間。

也就是說:在終身教育理念下,人的一生在不同時期、地點、行業的個性化學習,將獲得各種學習價值的學分進行人力資本的不斷投資,累積為人力資本。人力資本將為投資人和社會不斷地回饋利潤。既然人一生的有效學習行為將獲得價值,形成人力資本,並獲得利潤,就有必要對這些學分價值和人力資本進行有效的管理,使其資本更加有效地回饋利潤。這就對教育提出了建立有效管理制度的要求。那麼,教育如何來建立對學分價值和人力資本進行有效管理的制度呢?其實,在傳統學校教育適應生產力發展要求的過程中,學分制的建立已經將教育對學習過程中的知識管理轉化為對學習價值、人力資本進行有效管理了,只是其教育理念還局限在學校的時空環境內。當學分制在傳統學校教育裡內涵的充分發揮還不能完全滿足學習者個性化學習的需要時,作

為傳統學校教育內部教育管理的學分制自然地向其外延發展，即建立一種新的能夠完全滿足學習者個性化學習要求的教育管理制度。這種制度應該是建立在學分制基礎之上、包含學分制所有內涵並連續發展到更高一級的制度。由於其管理的對象是學分這種價值和人力資本以及它們具有的廣泛性、社會性，而對應於價值、資本的最廣泛的、社會的管理機構是銀行，因此，我們把它叫做「學分銀行」，準確地講應該是學分銀行管理制度。這就是「學分銀行」這種新的教育管理制度產生的內在的必然原因。因此，學分銀行教育管理制度的出現是時代的要求與呼喚，是自然的也是必然的結果。

什麼是學分銀行呢？我們可以簡單地理解為：用銀行的管理方式，對學習者的有效學習行為進行管理的一種教育管理制度。從其產生的內在的必然原因來看，這種教育管理制度應該比任何時期的教育管理制度更能適應學習者的個性化學習要求。「學分銀行」這種現代教育管理制度，應該包含以往傳統學校教育為學習者提供滿足其個性化學習的所有內容，並超越其個體傳統學校教育的空間與時間，外延至當代社會對學習者能提供的、滿足其個性化學習要求的能力範圍。

因此，「學分銀行」這種新的教育管理制度是將學分制這種以傳統學校教育內部的時間、空間為界限的教育管理制度，延伸到個體傳統學校教育的時間、空間外的社會範疇的教育管理制度，其目的是在整個現代社會可能的範圍內向學習者的個性化學習要求提供服務，滿足

其個性化學習要求。這樣的目的決定了學分銀行制度的建設，在制度本身的內容、形式及要求等各個方面都應以滿足學習者個性化學習要求為宗旨。凡與其宗旨相悖的內容、程序與要求都應該摒棄與剔除。這也是學分銀行制度建設內在的、根本的、符合社會生產力發展要求的理論依據。

第二節　「學分銀行」建設的合理性、先進性

所謂「學分銀行」建設的合理性或者說其先進性，是指在我們建設學分銀行教育管理制度的過程中，應該遵循哪些原則才能符合客觀事實要求與規律，使其更加合理，保持其相對的先進性。根據前述認識，至少要從以下三個方面考慮：

一、上層建築順應歷史發展客觀要求的程度

學分銀行教育管理制度是個性化學習發展到特定的歷史時期，社會生產力發展到一定水平，對教育、對社會上層建築的客觀的、歷史的必然要求，但原有的經濟基礎與上層建築中存在的一些因素，如一些制度、規定，各種管理權限與資源分佈於不同部門、行業、機構單位等因素，形成對其既得利益的保護壁壘，已經不適應甚至阻礙這一制度的建設與發展。作為上層建築的國家、政府、教育行政主管部門，應該主動適應並服務於經濟

基礎和生產力發展客觀規律的這一要求而有所作為。因此，國家、政府、教育主管部門的推動就顯得極為重要，其相應的法律、法規、規定、政策等的支持有利於打破既得利益的保護壁壘，剔除阻礙這一制度建設與發展的因素，也體現出上層建築主動適應經濟基礎、生產力發展要求，對人力資本投資進行有效管理與利用、對學習型社會建設的信心與決心。因此，**國家、政府、教育行政主管部門的法律、法規、規定、政策等的支持與推動，是學分銀行教育管理制度建設合理性與先進性的標誌之一**。

二、對個性化學習要求的滿足與服務程度

學分銀行教育管理制度是在終身教育理念下，將人的一生在不同時期、地點、行業的個性化學習獲得的各種學習價值的學分進行人力資本的不斷投資、累積的有效管理，為投資人和社會不斷回饋利潤，推動社會經濟的不斷發展、社會財富的不斷增加。這就明確說明學分銀行教育管理制度要收集、儲存、累積人的一生在不同時期、地點、行業的個性化學習獲得的各種學習學分並對這種價值進行有效管理，使其在形成人力資本投資的過程中，為社會和投資人回饋更多的利潤。因此，它能否更好地對人在各種情況下獲得的學分進行收集、儲存、累積以及有效的管理和應用程度對應著它的合理與先進程度，即**對個性化學習要求的滿足與服務程度是學分銀行教育管理制度建設的合理性與先進性的標誌之一**。

三、學分有效性要求的市場化、社會化程度

學分銀行教育管理制度是針對學習者的有效學習行為獲得的價值抽象的學分進行管理。學習價值抽象表現為價格就是學分數。而價格背離價值是普遍的，價格與價值一致是偶然的，價格始終圍繞著價值波動。學分銀行對學分進行管理，其實也是通過對價值抽象表現的價格進行管理，即對有效學習行為的價格進行管理，通過對有效學習行為的價格管理來代替對有效學習行為的價值進行管理。這裡就產生了學習行為的價格與對應價值的差異，如果價格背離價值太大，不能代表對應的價值，這時的價格就應該是無效的，因此要求代表價值的價格應該是有效的價格。而有效學習行為的價格就是學分標準。由學分標準具有的社會性、無限性和運動變化性可知：學分標準的準確、合理、先進的程度取決於其取得方式的市場化與社會化程度。如果學分標準形成方式的市場化、社會化程度不高，其人為的、主觀的因素成分比重就大，使得價格可能偏離價值的程度越大。必須糾正一種錯誤的觀點，即認為學分這種價值是由權威的機構或者專家制定的，或者說他們制定的學分標準就代表了其對應的價值。事實上學分這種價值是客觀存在的東西，任何機構或者個人所制定的學分標準是否代表其對應的價值，必須通過市場化與社會化的比較認可，才能夠大致代表其價值。而學分標準即價格可以由任何人或機構制定，只是權威的機構或者專家制定的學分標準可

能更接近價值本身，但能否代表其價值還是得通過市場化和社會化的比較認可，這是價值及其交換規律客觀決定的。這就是學分標準制定的市場為王原則。

因此，**學分有效獲取的市場化、社會化程度是學分銀行教育管理制度建設的合理性與先進性的標誌之一**。

以上三個方面大致可以體現「學分銀行」探索與實踐過程中，學分銀行制度的設計與建設的合理性與先進性程度。

第三節　國外對「學分銀行」的探索與實踐

不同的生產力發展水平決定了不同的教育目的、內容與形式。中國生產力發展水平長期落后於西方發達國家，對學分銀行教育制度的探索與實踐也自然落后於發達國家。從 20 世紀末開始，構建終身教育體系已是世界各國教育發展的趨勢，學分互認制度在國外許多國家推進開展，它有效地突破了傳統學歷教育的諸多限制，搭建起繼續教育間的縱向銜接與橫向溝通的橋樑，逐漸成為世界多國實現終身學習理念的重要途徑。

「學分銀行」教育管理制度，是「學分轉換與互認」教育管理制度的一種借鑑模擬銀行功能特點的比較有代表性的表現形式。國外目前只有韓國採取了這種做法。它和歐洲各國的「學分轉換與累計系統」、美國的「學分銜接與轉移政策」以及英國的「資格與學分框架」的

核心內容是一致的，都是為了實現不同教育載體之間的學分轉換和互認以達到教育持續化、普遍化、終身化的目的。因此，我們在收集國外文獻的過程中以「學分轉換與互認制度」的相關理念和實踐為目標內容，而不僅僅是以「學分銀行」為目標內容。這是因為，韓國、歐洲各國、美國、英國等國家較早開展了學分互認制度並推進得較為完善，它們在此領域累積了大量的研究成果和實踐經驗。通過對上述各國學分互認的實施情況進行歸納匯總、對比研究，借鑑它們的先進做法，為中國「學分銀行」教育管理制度的建設提供參考，為中國終身教育體系的構建提供思路很有必要。以下是筆者收集到的相關情況。

案例 1　韓國「學分銀行制」（Academic Credit Bank System，簡稱 ACBS）

1.「學分銀行」體系的構建背景

韓國「學分銀行」體系的建設始於 1995 年韓國教育改革委員會提交的《關於促進開放式終身教育社會和教育體系的革新設想》，從 1998 年開始實行「學分銀行制」，成立了專門的研究實施機構「韓國教育開發研究院」，它主要對「學分銀行」在實施過程中的問題進行研究，並提出改進方案，最終將改進方案運用到實踐中，並通過授權教育機構和學分互認，建立一個連接正規教育和非正規教育的網路體系。1999 年韓國政府頒布了《終身教育法》，通過立法保障了公民接受終身教育的權利，進一步明確了由「學分銀行」作為終身教育的推動

機制。

2.「學分銀行」的功能及運行機制

「學分銀行」的設立使高等教育不再是青年人的特權，不再是某個精英階層的特權，它向所有願意且有能力的學習者提供了教育機會。它廢除了申請淘汰制，實行彈性管理制度，激發了民眾參與終身學習的熱情，有助於提高韓國的國民素質。

（1）受眾群體：任何有學習意願和學習能力的人，只要擁有高中學歷、均可申請個人「學分銀行」。

（2）學分獲得標準：「學分銀行」對學習者進行彈性管理，對學習者的學習時間、地點以及學習時間不做限制。學習者可以通過自己的工作、生活、興趣和時間等安排學習活動，可以學一門考一門並獲得一門的學分。

（3）學習成果認定和管理：由「學分銀行」認定一批教育機構，包括獲得認證的非正規教育機構，如大學附屬終身教育中心、職業培訓機構、私立教育機構等完成課程；獲得某項資格認證並向「學分銀行」申請學分認定；通過本科進修學位考試或者完成某項課程獲得考試豁免資格；對於本科和大專的輟學生（肄業生），他們在高等教育機構完成的課程，學分銀行予以承認，並賦予相應的學分。

（4）多種學習途徑的認證：韓國教育科技部和終身教育國家研究院在專家的指導下聯合開發了標準課程，它是每個學科領域的綜合學習計劃，它具體描述了教學目標、課程科目、文科課程、專業課程、選修課程、學

分要求、學士學位要求以及評估和質量控制等。標準課程是學術學分銀行的綱領性文件，它規定了學習者的學習內容和層次，以及一門課程結束后的預期學習目標。標準課程裡規定的學習目標與正規高等教育的學習目標在同一個層次上，標準課程起到了統一和標準化的作用。

（5）學位取得標準：「學分銀行」對申請者不實行淘汰制，只要申請均有機會獲得高等教育學位。學生只要在學分銀行中累積夠了學士學位要求的學分，就可以向「學分銀行」提出申請，申請日期為每年的5月份和10月份，由「學分銀行」向學習者授予學位。它是韓國和世界上首次向多種教育途徑獲得的學習成果授予學位的機構。

3.「學分銀行」的特點

「學分銀行」是國家認可的學位授予機構；主張開放性的學習和標準化的管理模式；它擁有強大的網路信息服務平臺；對多種學習途徑的認證主要是通過標準課程來實現的。

案例2 歐洲「學分轉換與累計系統」（European Credit Transfer System，簡稱 ECTS）

1.「學分轉換與累計系統」的構建背景

歐盟成員國之間除了經濟的一體化以外，文化教育的一體化也在不斷探索發展中。1987年，歐盟在其成員國中開展了「伊拉斯莫」的高等教育合作計劃，以通過大學生流動來促進交流和提高教育質量。1988年歐洲學分轉換系統開始運行，最早只有145個高等教育機構參

與，並且只涉及5個學科，隨后參與的高校不斷增加，學科範圍不斷擴大，並且延伸到非高等教育領域。在此期間，歐洲委員會通過資金補助、政策推動等方式來保證該系統的良好運轉。1997年，參與「伊拉斯莫」計劃的國家成立了48個工作室，專門解決該系統建立初期所遇到的各種問題。1998—1999年，就有290多個教育機構申請加入「學分轉換與累計系統」，系統至今運轉良好，對歐洲文化教育一體化建設做出了卓越貢獻。

2.「學分轉換與累計系統」的功能及運行機制

歐洲有40多個國家和地區，有上千所高等教育機構，它們之間的學分制度差異很大，「學分轉換與累計系統」在尊重歐洲各國學分教育的多樣化的同時倡導交流與統一。學生進行跨國學習，參與系統的派出學校、學生、接收學校三方需要簽署相關協議，包括了記錄學生跨國學習的課程學分和學分績點，進行測量、比較和轉讓，完成學習成果的互認等內容。

（1）受眾群體：主要針對高等教育，受眾群體為本科生和研究生。

（2）核心是學分的分配。一個全日制學生一年的學習量為60ECTS學分，60ECTS學分可以分配給所有類型的學習項目，既可以是一個學期的課程，也可以是短期的模塊課程；學分既可以分配給單個課程科目，也可以分配給課程模塊。這種分配方式將學習成果分解，有助於學習成果在高等教育機構間的互認。

（3）統一學分的標準是學習效果和課業負荷量。教

師通過估計完成課程或課程模塊所需要的時間，用時間表示學生課業負荷量，並與課程單元所取得的學分相匹配。1 個 ECTS 學分代表了 25～30 個小時的課業負荷量。學習效果則通過提交作業、論文、網上測試等多種方式評估。

（4）學位取得標準：在「學分轉換與累計系統」中，當學生累積夠了學位申請資格要求的學分數量，就可以申請學位證書。一般而言，本科階段修滿了 180～240 學分就可以獲得學士學位，研究生階段修滿 180 學分就可以獲得研究生學位。學生可以選擇授予學位的學校，既可以在接收學校獲得學位，也可以在派出學校獲得學位。

3.「學分轉換與累計系統」的特點

它的特點有：促進了歐洲文化教育一體化的推進，是國家之間高等教育學分成果的互認；受眾群體主要針對本科生和研究生群體；該系統是服務平臺及資格認可方，學位授予由高校進行；需要通過簽訂相關協議來確保實施；以學生為中心的學分分配制度；學習時間是進行不同學習效果認定的核心因素。

案例 3　美國「學分銜接與轉移政策」（Credit Link and Transfer Policy）

1. 美國繼續教育實施的背景

美國「學分銜接與轉移政策」是伴隨著終身教育的發展而實施起來的，美國終身教育的發展有著明確的立法保障。1966 年，美國通過了《成人教育法》，確立了

美國成人教育的法律地位，為美國終身教育的開展奠定了良好的基石。1976 年，美國又制定了《蒙代爾法》，從各個方面對終身學習的實施進行了規定與計劃。1997 年，美國教育部提交了《1998—2002 年教育發展的戰略計劃》，確保所有的學生都能獲得正規高等教育和實現終身學習。隨著終身教育的推進，「學分銜接與轉移政策」應運而生。美國許多院校有院校間的學分銜接框架，擁有系統、完整的學分銜接方案。各高校雖然要求不盡相同，但一般都通過協議來實現。

2.「學分銜接與轉移政策」的功能及運行機制

美國教育的行政權力分屬於各州，因此每個州幾乎都制定了適用於本州的學分轉移政策。但是，根據美國政府的要求，各個州的學分轉移辦法也存在一些共性，在評估學分時，主要有三個標準：

（1）轉出院校的認證類型。認證是為了便於學分轉移，從而向學生、家長和公眾表明，該機構在師資、課程、學生服務和設施方面符合基本標準。認證類型分為地區認證和國家認證。

（2）按照銜接協議或轉移協議進行評估。銜接協議是方便學生在院校之間進行學分轉移的常見政策工具。美國一般都在院校層面定義銜接框架，由各個院校和大學自行開發。

（3）轉出院校和接收院校課程的相似度。在沒有統一的學分銜接協議的情況下，學生學分是否能夠轉移取決於接收院校的選擇，一般課程不同，能夠轉移的學分

也不同。各院校會通過課程大綱或者與轉出院校相關人員的聯繫，將對方課程與自己學校的課程進行對比，最后得出評價。

3.「學分銜接與轉移政策」的特點

不同於歐洲各國與韓國等國家，美國沒有一個專門的機構來組織策劃高校間的學分互認，而是由國家通過立法強調了繼續教育、終身教育的重要性，隨著學生在不同高校不同州之間交流學習需求的增加，合作高校之間通過協議制定了相關政策來保證學分的銜接和轉移。

案例4　英國「資格與學分框架」（Qualifications and Credit Framework，簡稱 QCF）

1.「資格與學分框架」的實施背景

1963年英國推出了《羅賓斯報告》，該報告指出「高等教育的課程應該向所有有能力的人開放」，並「給予學生從一所學校轉到另一所學校學習的機會」。1986年，英國國家學歷頒授委員會正式出抬了學分累積與轉換系統，該系統規定了獲得資格證書或文憑的相應學分標準，以指導院校之間學分的累積與轉換。2011年，英國發表了《學分和高等教育資格：英格蘭、威爾士和北愛爾蘭的學分指南》，提出了構建「資格與學分框架」的思路，這一指南不僅為教育機構運作學分累積與轉換提供了指導，而且還由此奠定了高等教育學分機制的基礎。

2.「資格與學分框架」的功能及運行機制

（1）受眾群體：主要面向職業教育。

（2）管理機構：由官方機構「資格規範機構與專業

技能委員會」進行管理。沒有統一的課程標準和教學大綱，由各類被認可的組織根據規範要求制定自己的標準與制度。

（3）學分獲得途徑：以單元為最小的學習模塊，方便學習者學習、組合，學分可以重複折算而無須重修。還將行業培訓和非正規學習都納入體系，為全英國學習者、學習提供者和雇主提供了一個包容、彈性、規範的資格框架。該框架中的評估單元與資格可以在最大可能的範圍內認可具有質量保證的任何領域、任何級別的學習成果。

（4）學位授予：「資格與學分框架」各類具有資格規範機構認可的頒證組織可根據規範向學習者授予學分並頒證，QCF 建有功能強大的信息服務平臺。

3.「資格與學分框架」的特點

它是開放式的面對職業教育的系統，有專門的管理機構和強大的信息平臺，相關教育機構通過授權認可參與到該體系中並授予學位；學習模塊化、單元化，方便學習累計。

以上僅僅是我們見到的生產力相對發達、「學分銀行」領域探索與實踐相對領先的發達國家對「學分銀行」教育管理制度建設與探索的情況，不一定全面。但我們可以根據僅僅瞭解的這些情況，從其合理性與先進性的三個方面進行比較，來看它們的探索與實踐情況、判斷其合理與先進程度。同時，由此也可見國外「學分銀行」建設與實踐的一斑。

第四節　中國對「學分銀行」的探索與實踐

在中國，隨著改革開放的深入，生產力發展水平不斷提高，對教育也提出了新的要求。1995 年，由全國人民代表大會通過並頒布實施的《中華人民共和國教育法》中提出「國家適應社會主義市場經濟發展和社會進步的需要，推進教育改革，促進各級各類教育協調發展，建立和完善終身教育體系」，明確了終身教育的法律地位。

黨的十七大報告提出「建設全民學習、終身學習的學習型社會」作為優先發展教育、建設人力資源強國的重要任務，明確指出了在全面建設小康社會的進程中，不僅要全面實現經濟與社會發展目標，而且要著力構建終身教育體系，將中國建成學習型社會。

《國家中長期教育改革和發展規劃綱要（2010—2020 年）》中明確提出，要「建立繼續教育學分累積與轉換制度。實現不同類型學習成果的互認和銜接」，「建立學習成果認證體系，建立『學分銀行』制度」。緊接著，國務院辦公廳《關於開展國家教育體制改革試點的通知》（國辦發〔2010〕48 號）把中央電大和五家省級電大作為開放大學體制改革試點單位，目的就是要「探索開放大學建設模式，建立學習認證和『學分銀行』制度，完善高等教育自學考試、成人高等教育招生考試制度，探索構建人才成長的立交橋」。

在這樣的歷史背景與客觀環境的要求下，中國的部分高校在相關教育行政部門的支持下，對「學分銀行」教育管理制度也進行了不同程度的實踐與探索。

一、國內學者對「學分銀行」的研究

20世紀90年代末，「學分銀行」這一概念才由學者翻譯過來，至今有十餘年的發展時間。總體來說，中國對於「學分銀行」教育管理制度的研究才剛剛起步，做法也屬於摸索試點階段，很多學者在架構或機制方面都已經進行了理論探討和表述。

上海教育科學研究院的楊黎明研究員，在2009年以教育部重點課題的方式進行了「構建中國學分銀行的理論與實踐研究」。他提出「學分銀行」創建的核心要素是課程，必須對課程進行標準化建設，制定各級各類教育的銜接課程，提出了各種課程銜接的個案模型，提出上海市「學分銀行」創建的五個子系統：課程標準子系統、學分累積子系統、學分互認子系統、學分兌換子系統、學分誠信子系統。他認為「學分銀行」的構建需要5大支持體系，即相應的法律制度、完善的組織機構、規範的課程標準、科學的轉換機制以及開放的服務體系。

中國教育發展戰略學會會長郝克明研究員從戰略的層面認為，要站在全世界推進終身學習的高度，把「學分銀行」作為一種教育管理模式進行宏觀探討。「學分銀行」就是在終身學習理念的推動下，在不同類型教育間（包括不同形式學歷教育、非學歷教育的不同課程）以學

分認定、累積和轉換為主要內容的一種新型的學習制度和管理制度。它實質上是一種模擬或者借鑑銀行的某些功能特點，對不同類型學習成果通過學分進行認證、累積、轉換的一個形象化的表述。

學者鄧澳利在其《學分銀行制度研究》一書中設計了學分銀行制度的運行框架，它由學分銀行系統、選課系統、兌換系統及評估委員會系統四個元素組成，各部分按照存分、兌分機制協調運行。

國家相關法律、政策及教育理論的認識都體現出中國上層建築對學分銀行教育管理制度建設的重視與決心，在此基礎上，中國部分教育主管部門與高校也進行了積極的探索。

二、國內「學分銀行」的實施現狀

國內對學分銀行的研究主要集中在理論研究、國外學分銀行介紹以及學分銀行的實踐研究三個方面。相對而言，對學分互換和認證的研究較少，對國外學分銀行實踐的研究偏多。形成這種局面的主要原因是「學分銀行」本身是一個舶來品，又是一個實踐性話題，因此，找到適合中國國情的「學分銀行」教育管理制度體系，還需要在借鑑的基礎上做大量的落地研究。國內「學分銀行」教育管理制度的實施主要有以下特點：

（1）以教育主管部門為主要的政策制定方，依託高校的管理服務平臺，以區域試點的形式展開。其中，做得比較好的有：上海市教委支持下的上海終身教育「學分銀

行」(Shanghai Academic Credit Transfer and Accumulation Bank for Lifelong Education)和教育部「學分銀行」制度研究與實踐項目下的國家開放大學「學分銀行」。

（2）國內「學分銀行」建設處於試點實施階段，不像國外已相對比較成熟，故暫時還沒有一個具有普遍指導作用的標杆模式可以被廣泛借鑑。

（3）從某種層面來說，中國高校並沒有實施真正意義上的學分制，繼續教育涉及面很廣，基礎又比較薄弱，一些方面還不規範，研究也不夠。這些現狀都會使「學分銀行」的建設面臨很多困難，但這也同時凸顯出它的重要意義，值得研究。通過「學分銀行」制度建設可以規範繼續教育、提高教育質量、推進終身教育體系和學習型社會建設。現將我們收集到的內容介紹如下：

案例1　上海市終身教育「學分銀行」體系介紹

管理體制：2012年8月上海終身教育形成了「一校、一行、一院」的終身教育「學分銀行」體系，包括「上海市終身教育學分銀行」、依託華東師範大學建立的「上海市終身教育研究院」以及上海開放大學。學分銀行由上海市教委組建與領導，上海開放大學具體實施建設與運行，管理中心設在上海開放大學。

運行機制：上海市終身教育「學分銀行」是以繼續教育學分認定、累積和轉換為主要功能的學習成果管理與終身學習服務中心，旨在搭建終身學習「立交橋」，滿足市民多元化學習和發展的需要。上海的學習者通過把自己的學習成果存入學分銀行（包括學歷教育、職業培

訓、社區教育、老年教育等），經過「學分銀行」的認證，就可以轉化為合作高校相應課程的學分。當學分累積到一定程度時，學習者可按規定將其轉換為相應的證書和文憑。

覆蓋範圍：「上海市終身教育學分銀行」已和上海交通大學、同濟大學、華東師範大學等 25 家高校和教育機構達成合作關係，可以實現 139 種職業資格證書與商務英語、工商管理、計算機應用技術、會計、物流管理、行政管理 6 個專業 166 門課程的學分互認。隨著學分銀行的不斷發展，學分認定的範圍將繼續擴大到工作經歷經驗、成績獎勵、專業技術職務、研究發明成果等範疇。

上海市終身教育「學分銀行」介紹

構建「學分銀行」是建設上海市終身教育體系和學習型社會、滿足市民多元化學習要求的需要，是落實國家和上海市中長期教育改革和發展規劃綱要中建立「學分銀行」制度、搭建終身學習的「立交橋」要求，完善上海市終身教育體系的有效措施之一。上海市終身教育「學分銀行」（以下簡稱「學分銀行」）是面向上海市學習者，以終身教育學分認定、累積和轉換為主要功能的學習成果認證管理中心和轉換服務平臺，其目標是搭建終身學習的「立交橋」，推進上海市終身教育體系和學習型社會建設。「學分銀行」由上海市教育委員會主辦和管理。

一、「學分銀行」業務介紹

1.「學分銀行」有哪些主要功能？

（1）學分認定：學分認定是將學習者已有學習成果認定存入「學分銀行」的過程。

（2）學分累積：學分累積是將學習者經「學分銀行」認定的學習成果存儲管理的過程。

（3）學分轉換：學分轉換是將學習者累積的學習成果轉換為繼續學習的高校（機構）學分的過程。

2.「學分銀行」的學分有幾類？

「學分銀行」的學分分為學歷教育、職業培訓和文化休閒教育（社區教育、老年教育等）三類。其中，部分職業培訓證書可轉換為學歷教育學分，文化休閒教育的學分不能轉換為學歷教育的學分。

3. 什麼是個人學習檔案？

「學分銀行」個人學習檔案記載學習者包括學歷教育、職業培訓和文化休閒教育等學習成果，學習者在「學分銀行」開戶後即擁有個人學習檔案，學習者可在「學分銀行」網站查詢個人學習檔案。

二、學習者如何在「學分銀行」開戶

學習者可在「學分銀行」網站提交開戶申請，並持身分證到就近的「學分銀行」分部辦理開戶手續，成為「學分銀行」的用戶。「學分銀行」高校網點在校學生可由學校組織進行「學分銀行」開戶。如圖 8.1 所示。

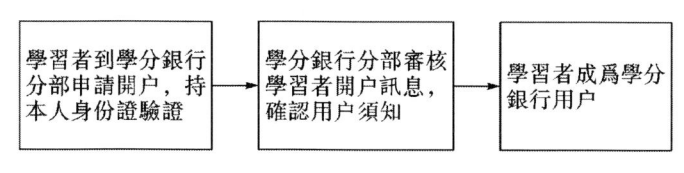

```
┌─────────────┐   ┌─────────────┐   ┌─────────────┐
│學習者到學分銀行│   │學分銀行分部審核│   │學習者成爲學分│
│分部申請開戶，持│──▶│學習者開戶訊息，│──▶│銀行用戶      │
│本人身份證驗證 │   │確認用戶須知  │   │             │
└─────────────┘   └─────────────┘   └─────────────┘
```

圖 8.1　學分銀行開戶流程圖

三、學習者如何認定已有的學習成果

1. 學歷教育學分

學習者持國民教育系列學歷教育成績證明提交認定申請，經「學分銀行」認定后存入「學分銀行」。

2. 職業培訓學習成果

職業培訓等證書經「學分銀行」認證進入「學分銀行」職業培訓等證書目錄，學習者持該目錄中的證書提交認定申請，經「學分銀行」認定后存入「學分銀行」。

3. 文化休閒教育

各區縣社區學院、老年大學申報的文化休閒教育學習項目（課程、學習活動），經「學分銀行」認證進入「學分銀行」文化休閒教育學習項目目錄。學習者學習該目錄中的項目成績，經「學分銀行」認定后統一可存入「學分銀行」。

四、學習者的學習成果如何存入「學分銀行」

1. 個別存入

（1）學歷教育成績存入：學習者可在「學分銀行」網站提交成績存入申請，持學歷教育成績證明原件到「學分銀行」分部辦理存入手續，經「學分銀行」認定后的成績可存入「學分銀行」。如圖 8.2 所示。

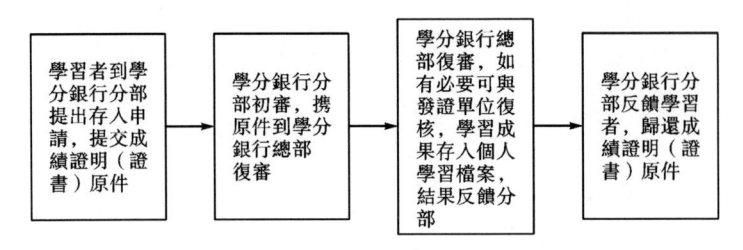

```
┌─────────┐   ┌─────────┐   ┌─────────┐   ┌─────────┐
│學習者到學│   │學分銀行分│   │學分銀行總│   │學分銀行分│
│分銀行分部│   │部初審，攜│   │部復審，如│   │部反饋學習│
│提出存入申│──▶│原件到學分│──▶│有必要可與│──▶│者，歸還成│
│請，提交成│   │銀行總部 │   │發證單位復│   │績證明（證│
│績證明（證│   │復審    │   │核，學習成│   │書）原件 │
│書）原件 │   │        │   │果存入個人│   │         │
│         │   │        │   │學習檔案，│   │         │
│         │   │        │   │結果反饋分│   │         │
│         │   │        │   │部       │   │         │
└─────────┘   └─────────┘   └─────────┘   └─────────┘
```

圖 8.2　學習成果個別存入學分銀行流程圖

（2）職業培訓等證書存入：職業培訓等證書經「學分銀行」認證進入「學分銀行」職業培訓等證書目錄。學習者獲得該目錄中的證書，可在「學分銀行」網站提交證書存入申請，持證書原件到「學分銀行」分部辦理存入手續，經「學分銀行」認定后的證書存入「學分銀行」。

2. 集中存入

（1）學歷教育和職業培訓學習成果的集中存入：「學分銀行」高校網點等辦學機構將本校學習者的學習成果集中存入「學分銀行」；學習者在「學分銀行」開戶后才能使用集中存入的學習成果信息。

（2）文化休閒教育學習成果的集中存入：各區縣社區學院、老年大學申報的文化休閒教育學習項目（課程、學習活動），經「學分銀行」認證進入「學分銀行」文化休閒教育學習項目目錄。學習者學習該目錄中的項目，所獲得的學分由所在區縣社區學院、老年大學統一存入「學分銀行」。如圖 8.3 所示。

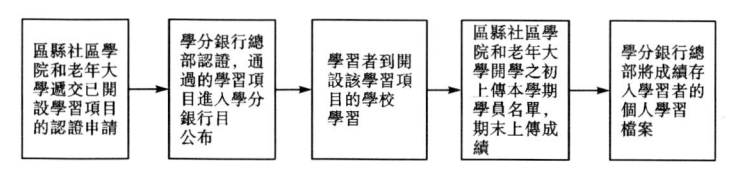

圖 8.3　文化休閒教育學習成果存入學分銀行流程圖

五、學習者如何使用存入「學分銀行」的學習成果

1. 學歷教育學分和職業培訓等證書

學習者可選擇繼續學習的高校（機構），用累積在「學分銀行」的學習成果到高校（機構）網點申請學分轉換；高校（機構）網點按規定辦理學分轉換；學習者在該高校（機構）繼續學習，獲得其學歷證書或職業培訓證書。如圖 8.4 所示。

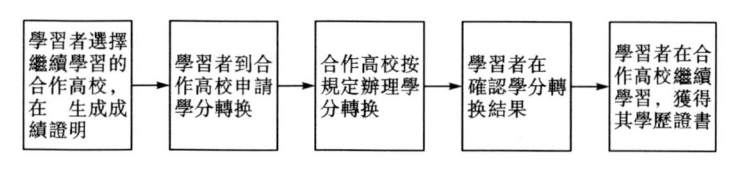

圖 8.4　學分銀行學歷教育學分轉換流程圖

2. 文化休閒教育學分

學習者累積在「學分銀行」的文化休閒教育學分及其他學習成果，可作為激勵市民終身學習的依據。

案例 2　北京國家開放大學「學分銀行」介紹

簡介：「學分銀行」模擬、借鑑銀行特點，以學分為計量單位，對學習者的各類學習成果進行統一的認證與核算，是具有學分認定、累積、轉換等功能的新型學習制度和教育管理制度。「學分銀行」是學習者獲取學歷文憑、職業資格證書的新渠道，是自學成才的新途徑，是

獲得評價和鼓勵的新形式。建立「學分銀行」制度已經成為世界眾多國家教育改革和發展的重要趨勢。

國家開放大學獲教育部批准開展「國家繼續教育學習成果認證、累積與轉換制度的研究與實踐」項目，探索建立國家「學分銀行」制度。國家開放大學「學分銀行」是國家「學分銀行」制度的組成部分。它以服務全民學習、終身學習的學習型社會建設為宗旨，致力於為組織機構與社會成員開展學歷教育、非學歷教育以及其他形式的學習成果認證、學分累積與轉換服務，是面向全國的繼續教育學習成果認證管理與服務體系。

個人業務（如圖 8.5 所示）：

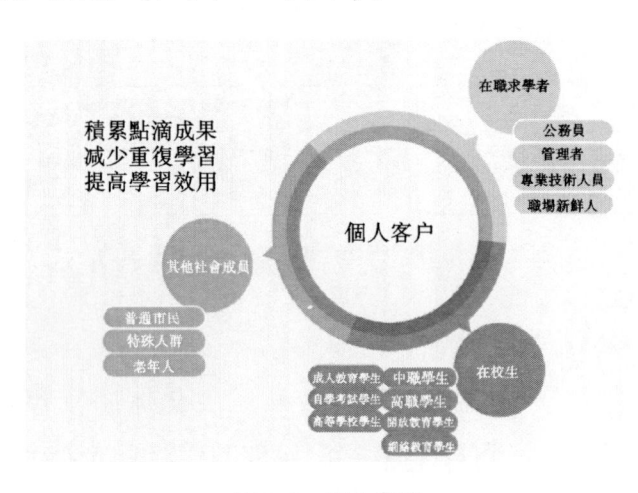

圖 8.5　個人業務

國家開放大學「學分銀行」致力於為各級各類社會成員提供繼續教育學習成果認證、累積與轉換服務，以及學習產品推薦、學習計劃諮詢等增值服務。

服務內容：

● 學習成果認證：對各種學習成果，特別是非學歷教育證書和其他無一定形式學習成果（如工作經歷、技術創新、獎勵、發布論文等）按照一定規則進行認定，並轉換成一定的學分；

● 學習成果轉換：按照個人客戶需要，提供各種可能的學歷文憑、資格證書等不同學習成果之間的轉換；

● 學習成果管理：為個人客戶建立學習帳戶或終身學習檔案，提供學分存儲、累積等學習成果管理服務；

● 學習成果證明：根據學習成果「存款」的類別與數量，為個人客戶提供多種學習成果社會價值的評價與證明（證書）；

●學習產品推薦：根據個人客戶的轉換需求，推薦能實現其預期轉換結果且被權威認證的學習產品。

● 諮詢與建議：提供各種與「學分銀行」相關的諮詢和學習方面的建議。

對公業務（如圖8.6所示）

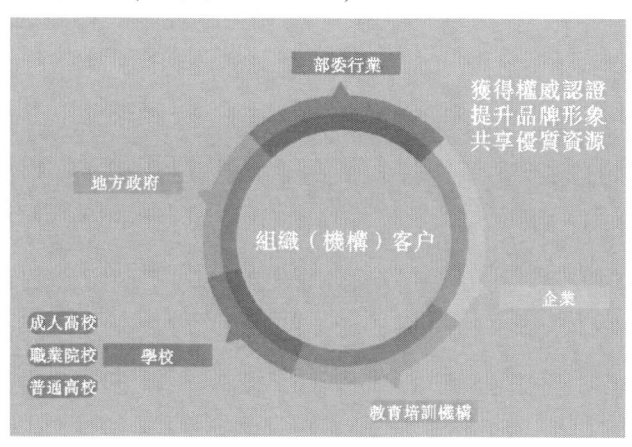

圖8.6　對公業務

「學分銀行」利用自身優勢與功能，積極服務於地方學習型社會建設、行業部委學習型組織和企事業單位以及社會教育培訓機構，提供教育培訓成果的轉化、教育資源的引進與輸出、學習成果的管理與服務、教育培訓機構的管理與服務、學分銀行定制性服務、其他延伸服務等。

服務內容：

● 教育培訓成果的轉化

「學分銀行」根據一定的標準，對組織內部教育培訓項目進行權威認證，符合標準的可納入「學分銀行」認證培訓項目。社會成員就讀該培訓項目后，可獲得「學分銀行」學分，使該教育培訓項目更具權威性、公信力和效用。

● 教育資源的引進與輸出

「學分銀行」為組織推薦海量、優質的教育培訓資源，同時，借助於「學習超市」平臺，「學分銀行」吸納社會各界優質的教育培訓資源，經過標準認定后，向全社會推廣。

● 學習成果的管理與服務

「學分銀行」將依託其覆蓋全國的認證服務體系以及網路信息平臺，為地方政府、行業部委、企業等組織開展內部學習成果管理與服務業務，包括：建立相應的規範和各種學習成果的統一認定，建立管理檔案和信息系統等。

●教育培訓機構的管理與服務

「學分銀行」通過國內權威的標準和程序對各類教育培訓機構進行認定，將認定后的優秀教育產品及機構向社會推薦，並通過這種優勝劣汰的管理方式，配合政府進行教育培訓市場的管理。

●「學分銀行」定制性服務

「學分銀行」利用自身對教育資源整合的功能，根據政府或學習型組織的需求，組織設計合適的教育培訓方案，推薦相應的教育培訓機構和教育資源，進行考核與效果評估等。

●其他延伸服務：為政府學習型組織提供發展水平與狀況的信息、數據、報告與證明，為所屬員工提供各種學習發展及相關通道的諮詢與建議。

案例3

關於在廣西師範大學開展

高等教育自學考試學分銀行試點工作的通知

廣西師範大學：

為貫徹落實國家和自治區《中長期教育改革和發展規劃綱要（2010—2020年）》精神，探索建立繼續教育學分累積與轉換制度，進一步推進我區高等教育自學考試學分銀行試點建設，使自學考試更好地適應經濟社會發展的需求，經研究，決定在你校開展高等教育自學考試學分銀行（以下簡稱自考學分銀行）試點工作。現將有關事項通知如下：

一、指導思想

認真貫徹落實黨的十八大和十八屆三中、四中全會精神，按照《高等教育自學考試暫行條例》、《國務院關於深化考試招生制度改革的實施意見》（國發〔2014〕35號）及國家和自治區《中長期教育改革和發展規劃綱要（2010—2020年）》要求，進一步推進我區高等教育自學考試學分銀行試點建設，探索構建不同類型學習成果互認和銜接的終身學習「立交橋」。

二、組織領導

自學考試學分銀行試點是我區自學考試「十二五」規劃主要任務之一，已列為自治區招生考試院重點工作。請你校務必加強組織領導，及時組建高等教育自學考試學分銀行委員會，並成立相應的工作機構，確保試點工作順利推進。

三、試點對象

試點對象以有意獲取第二學歷的全日制普通高校本科及以上層次在校生為主，也可以探索面向已取得國民教育系列本科畢業證書的社會考生。

四、試點專業

試點專業在我區開設的高等教育自學考試專業中選取。請你校根據實際情況及專業優勢選擇試點專業，報我辦審核備案后開展相關工作。

五、試點專業的課程學分認定原則

自學考試學分銀行試點專業的課程學分認定，應以全日制普通高校本科生所修名稱相同或相近的課程合格

成績為學分認定基礎。

1. 公共課的課程學分認定

取得全日制普通高校本科公共課的合格成績，可以兌換自學考試學分銀行試點專業中名稱相同或相近的公共課的課程學分。

2. 專業課的課程學分認定

取得全日制普通高校本科專業課的合格成績，可以兌換自學考試學分銀行試點專業中名稱相同或相近的專業課程學分，但兌換的專業課程不得超過其專業課程總數的 1/3，余下 2/3 的專業課程必須參加自學考試全國統考。

3. 取得相關證書的認定

取得相關證書的全日制普通高校本科生，可以依據取得的證書與自學考試課程知識結構的相關性或對等性，兌換自學考試學分銀行試點專業中的公共課程學分和專業課程學分，但兌換專業課程學分須在「專業課的課程學分認定」所限定的 1/3 範圍內。

在此基礎上，也可以探索自學考試課程學分與相同層次全日制普通本科部分課程學分的兌換辦法，從而實現全日制普通本科與自學考試本科層次部分課程學分的互認。

六、畢業條件

考生按相關專業課程設置與學分的規定取得全部課程的合格成績及學分，完成規定的畢業論文（設計）或其他教學實踐任務，思想品德鑒定合格，準予畢業，並

取得國家承認其學歷的自學考試本科畢業證書。

七、學位授予

依照《中華人民共和國學位條例》，對符合學士學位申請條件的考生，可授予相應的學士學位。

八、其他事項

請你校按照本通知要求，制定實施細則報我辦審核備案，有序開展試點具體工作。在試點進行中，如遇到突出問題，請及時與我辦聯繫，協商解決。請你校及時做好試點工作總結，為我區高等教育自學考試學分銀行建設累積經驗，以促進自學考試改革發展。

廣西壯族自治區
高等教育自學考試委員會辦公室
2015 年 7 月 30 日

案例 4

高等教育自學考試學分銀行試點工作實施細則
（試行）

根據《關於開展高等教育自學考試學分銀行試點工作的通知》（桂考委辦〔2013〕20 號）精神，結合我校工作實際，制定本細則。

一、認證對象

在試點階段，學分銀行認證對象僅限於廣西大學 18 個自考學分銀行試點專業的在校自考助學班學生。專業代碼及名稱如下：

專科：A020039 會計、A08037 房屋建築工程、A020042 工商企業管理、A020040 市場行銷、A020041 金融、A020205 人力資源管理、A030023 行政管理、A050033 室內設計

本科：B020011 會計、B080029 建築工程、B020012 工商企業管理、B020208 市場行銷、B020106 金融、B020218 人力資源管理、B030011 行政管理學、B050432 室內設計、B080023 計算機及應用、B082231 工程造價管理

二、學分銀行的課程分類

（1）核心課程：指學生必須按照考試計劃通過自學考試獲得學分的課程。核心課程原則上為取得該專業學歷所需總學分的 50% 左右。

（2）非核心課程（通識課程）：該類課程沒有必須通過自學考試的硬性要求，學生可通過別的渠道所獲得的學分來兌換這部分課程對應的學分。

三、學分銀行的學分構成

（1）核心課程學分為硬性學分指標，不可被兌換，只能通過自學考試獲得。

（2）非核心課程學分為彈性指標，學生可以用學分銀行認定的任何課程（課程不能是所修專業的核心課程）或證書來兌換成相應專業的非核心課程的學分。

當學生通過核心課程並在學分銀行累積的學分達到其申請專業的學分要求后，即可獲得該專業的學歷證書。

四、學分銀行的學分認定原則

（1）同等互認。全日制普通高等教育學生申請自學考試同等學歷的學分認證。

（2）高往低認。高一層次的全日制普通高等教育學歷學生申請低一層次的自學考試學歷而進行的學分認證。

（3）低往高認。低一學歷層次的全日制普通高等教育學生申請高一層次的自考學歷而進行的學分認證。

（4）自考系統內部等值通兌。在自學考試內部系統中，本科與專科的課程如名稱及代碼相同，可等值通兌互認學分。

（5）同類別不同等級證書的使用。用同一類別不同等級的證書來兌換學分時，只兌換其中一個級別；其後如獲得更高等級的證書，可申請兌換相應增量部分的學分。

（6）認定的學習成果具有重複使用性。用來兌換學分的課程或者證書（在有效期內）均可在申請不同層次、不同專業時重複使用。

五、學分銀行的學分兌換標準（待修訂）

A類——普通全日制高等學歷教育學分。學習者可將取得的課程學分按照一定的系數來兌換成其所要認證的自學考試各專業的非核心課程學分。對與認證專業考試計劃中非核心課程名稱相同或相近的各學歷層次的課程，學分兌換標準如表 8.1 所示：

表 8.1　　　　　　　　學分兌換標準

學習者原學歷層次	學習者目標學歷層次	已取得的課程學分	兌換系數	兌換后的學分
大專	大專	W	1.0	1.0W
大專	本科	X	0.7	0.7X
本科	本科	Y	1.0	1.0Y
研究生	本科	Z	1.3	1.3Z

對與認證專業考試計劃中非核心課程名稱不同的各學歷層次的課程，學分兌換標準如表 8.2 所示：

表 8.2　　　　　　　　學分兌換標準

學習者原學歷層次	學習者目標學歷層次	已取得的課程學分	兌換系數	兌換后的學分
大專	大專	W	1.0×0.8	1.0×0.8W
大專	本科	X	0.7×0.8	0.7×0.8X
本科	本科	Y	1.0×0.8	1.0×0.8Y
研究生	本科	Z	1.3×0.8	1.3×0.8Z

B 類——自學考試學歷教育學分。在自學考試內部系統中，本科與專科的課程名稱及代碼相同的，實行等值通兌。對與認證專業層次考試計劃中非核心課程名稱（代碼）不同的課程，均乘以 0.8 的兌換系數。

C 類——職業培訓及休閒文化教育學分。

C1 類——職業培訓學分：學習者可憑學分銀行認定的職業資格證書、從業資格證書、執業資格證書等學習成果，兌換其認證專業層次的非核心課程學分。學分的兌換必須在證書有效期內。

C2類——文化休閒教育學分：學分銀行按照學習者所取得的文化休閒類等級證書在有效期內兌換成該學習者所要認證專業層次的非核心課程學分。

六、課程設置和學分置換查詢

學生可下載本細則的附件《學分銀行試點專業的核心課程與非核心課程設置》、《學分銀行兌換分值列表》查閱。

七、學分兌換申請程序

（一）學分銀行帳戶的開設及帳戶保持

（1）學分銀行帳戶開設：學生登錄廣西大學自考學分銀行管理系統，用準考證號、身分證號開通學分銀行帳戶。學生畢業出口轉為按學分銀行的標準進行審核。

（2）學分銀行帳戶保持條件：為便於開展學分銀行試點工作和保證實驗數據的嚴肅性，已開通學分銀行帳戶的學生如中途退學的，其帳戶予以註消，同時帳戶內的學分全部清零，畢業出口轉為按普通自考畢業程序辦理。

如果有特殊原因必須暫停學業的，可申請辦理休學手續，帳戶轉為休眠狀態。辦理復學手續的同時，可重新激活帳戶，帳戶內學分繼續有效。

開通了學分銀行帳戶的學生，學制結束仍未能完成學業的，學分銀行帳戶予以保留，帳戶內學分繼續有效。在學分存儲達到其申請專業層次的學分要求後，即可辦理該專業層次的學歷證書。

（3）學分的存儲：學生可把已考過的課程及證書通

過系統存儲到學分帳戶，需要兌換時再取出兌換。

（4）學分銀行帳戶內學分的有效期：帳戶內的學分從成功兌換之日起算，有效使用期限為10年。達到有效期限后，系統自動註銷相應學分。

（二）學分認證時間

（1）初審階段：每年3月和9月上旬（雙休日除外）。學生登入自己的學分銀行帳戶，將存儲的學分進行指定專業學分兌換，並在系統內打印學分兌換審核表（一式兩份，現階段審核表需要粘貼學生本人1寸相片）。將審核表和認證所需材料送交本學院成教部進行初審。各學院成教部對學生送審的材料核查確認后，在學分兌換審核表上蓋學院章，相關認證材料複印件上也需驗證人簽字、蓋學院章。

（2）復審階段：每年3月和9月下旬（雙休日除外）。各二級學院將已進行初審的學分認證申請表和學生上交的認證所需材料統一送繼續教育學院自考科進行復審。

（3）審批階段：每年4月和10月。由繼續教育學院自考科將復審的學分認證申請及材料報送區自學考試委員會（學分銀行委員會）進行審批。

（三）學分認證所需材料

（1）自學考試準考證和我校自考助學班學生證複印件。

（2）學分銀行認定的相關證書原件及複印件。

（3）如用普通高等學校專（本）科畢業證申請學分

或普通高等學校專（本）科結業、肄業生申請學分認定的，除需提交畢業證或結業、肄業證原件、複印件外，另需提交加蓋原學校教務處公章的學籍成績單。

（4）學分兌換審核表一式兩份。（學分銀行系統內直接打印）

以上材料均需裝在材料袋裡送審，材料袋面寫清楚學院、專業名稱及代碼、準考證號、姓名和申請學分數。

（四）學分認證資費（試點期間不收費）

按 30 元/學分標準收取。

按最后核定的學分統一收取認證費。

（五）學分認證結果查詢

學分認證結果查詢時間與每年 5 月、11 月自學考試成績公布時間同步，學生可通過自己的學分銀行帳戶查詢。

八、學分銀行學生畢業條件及畢業申請程序

（一）畢業條件

（1）通過該專業層次考試計劃中的所有核心課程。

（2）學分銀行帳戶內學分（不含核心課程學分）總額大於或等於該專業層次考試計劃中非核心課程所占學分的總和。

（3）通過畢業論文答辯。

（二）畢業申請程序

（1）畢業初審階段：上半年 4 月和下半年 10 月自考成績公布後一週內，學生即可向本學院提交畢業申請及相關材料。由學院進行核查，打印畢業預審表、學生學

分銀行帳戶明細表並簽字、蓋學院章，核查清楚后打印畢業生登記表。

（2）畢業復審階段：各二級學院將已進行初審的畢業申請材料如畢業預審表、學生學分銀行帳戶明細表、畢業生登記表及學生上交的認證所需材料原件放在檔案袋裡，統一送繼續教育學院自考科進行復審，袋面右上角要用鉛筆標明學院和「學分銀行」字樣。具體時間安排以屆時通知為準。

（3）畢業審批階段：每年6月和12月，由繼續教育學院自考科將已復審的學分銀行學生畢業申請及相關材料報送區自學考試委員會（學分銀行委員會）進行審批。

九、學分銀行畢業生學位申請條件

（1）核心課程部分的平均分達到70分。在畢業后的2年內為有效申請時段。

（2）必須在我校參加全區統一的學位外語考試並獲得及格以上成績（考試每年7月舉行一次，成績永久保留）。

（3）必須獲得全國計算機等級考試一級（含一級）以上證書（考試每年3月、9月各舉行一次，成績永久保留），或全國高等學校計算機等級考試一級（含一級）以上證書（成績永久保留）。計算機專業的本科自考畢業生申請學位無此項要求。

十、學分銀行畢業生學位申請程序

參照廣西大學繼續教育學院網上公布的《自學考試本科畢業生學位申請條件及申報程序》中「自學考試本

科畢業生學位申辦程序及材料報送」部分。

十一、學分銀行實施細則實行動態管理

（1）《學分銀行兌換分值列表》中，序號1～31的為可以直接兌換學分的證書。序號32～106的證書，需要依據其知識點構成重新論證相應的兌換分值，並需提供該證書的認證渠道。

（2）由於在試點階段，為適應需要，必須根據試點工作推進情況對本細則進行動態管理。如本細則在試行過程中，有需要增刪用於學分兌換的證書等事項變更的，需向廣西大學自考辦進行申請，並提交論證報告，由廣西大學自考辦審核后上報自學考試委員會（學分銀行委員會）進行審批。

十二、其他事項

（1）凡有偽造、塗改或提供假證明材料的，一經查出，所申請的相應學分作廢，除需補足學分外，還必須推遲一年辦理畢業證書。對於徇私舞弊的工作人員，按有關規定給予必要的處分。

（2）本細則自公布之日起試行。

附件1：學分銀行試點專業的核心課程與非核心課程設置.doc

附件2：學分銀行證書兌換分值列表.doc

廣西大學自考辦

2014年10月10日

附件1：

表8.3 學分銀行試點專業的核心課程與非核心課程設置

1. 會計（A020039）：總學分75分，其中核心課程40學分，非核心課程35學分。

<table>
<tr><th colspan="2"></th><th>序號</th><th>代碼</th><th>核心課程名稱</th><th>學分</th><th>序號</th><th>代碼</th><th>核心課程名稱</th><th>學分</th></tr>
<tr><td rowspan="4">核心課程</td><td></td><td>1</td><td>0041</td><td>基礎會計學</td><td>5</td><td>5</td><td>0157</td><td>管理會計（一）△</td><td>6</td></tr>
<tr><td></td><td>2</td><td>0155</td><td>中級財務會計△</td><td>8</td><td>6</td><td>0065</td><td>國民經濟統計概論△</td><td>6</td></tr>
<tr><td></td><td>3</td><td>0156</td><td>成本會計</td><td>5</td><td>7</td><td>0146</td><td>中國稅制</td><td>4</td></tr>
<tr><td></td><td>4</td><td>0067</td><td>財務管理學△</td><td>6</td><td></td><td></td><td></td><td></td></tr>
<tr><th colspan="2"></th><th>序號</th><th>代碼</th><th>非核心課程名稱</th><th>學分</th><th>序號</th><th>代碼</th><th>非核心課程名稱</th><th>學分</th></tr>
<tr><td rowspan="5">非核心課程</td><td></td><td>1</td><td>0043</td><td>經濟法概論（財經類）</td><td>4</td><td>6</td><td>3706</td><td>思想道德修養與法律基礎</td><td>2</td></tr>
<tr><td></td><td>2</td><td>0144</td><td>企業管理概論</td><td>5</td><td>7</td><td>3707</td><td>毛澤東思想、鄧小平理論和「三個代表」重要思想概論</td><td>4</td></tr>
<tr><td></td><td>3</td><td>0020</td><td>高等數學（一）△</td><td>6</td><td>8</td><td>0009</td><td>政治經濟學（財經類）</td><td>6</td></tr>
<tr><td></td><td>4</td><td>4729</td><td>大學語文</td><td>4</td><td>9</td><td>0019</td><td>計算機應用基礎（實踐）</td><td>2</td></tr>
<tr><td></td><td>5</td><td>0018</td><td>計算機應用基礎</td><td>2</td><td></td><td></td><td></td><td></td></tr>
</table>

第八章　「學分銀行」教育管理制度　167

表8.3(續1)

2. 工商企業管理（A020042）：總學分75分，其中核心課程40學分，非核心課程35學分。

<table>
<tr><th rowspan="2">核心課程</th><th>序號</th><th>代碼</th><th>核心課程名稱</th><th>學分</th><th>序號</th><th>代碼</th><th>核心課程名稱</th><th>學分</th></tr>
<tr><td>1</td><td>0041</td><td>基礎會計學</td><td>5</td><td>5</td><td>0147</td><td>人力資源管理（一）</td><td>6</td></tr>
<tr><td></td><td>2</td><td>0144</td><td>企業管理概論</td><td>5</td><td>6</td><td>0065</td><td>國民經濟統計概論△</td><td>6</td></tr>
<tr><td></td><td>3</td><td>0145</td><td>生產與作業管理</td><td>6</td><td>7</td><td>0055</td><td>企業會計學△</td><td>6</td></tr>
<tr><td></td><td>4</td><td>0148</td><td>國際企業管理</td><td>6</td><td></td><td></td><td></td><td></td></tr>
<tr><th rowspan="2">非核心課程</th><th>序號</th><th>代碼</th><th>非核心課程名稱</th><th>學分</th><th>序號</th><th>代碼</th><th>非核心課程名稱</th><th>學分</th></tr>
<tr><td>1</td><td>0043</td><td>經濟法概論（財經類）△</td><td>4</td><td>6</td><td>3706</td><td>思想道德修養與法律基礎</td><td>2</td></tr>
<tr><td></td><td>2</td><td>0058</td><td>市場行銷學△</td><td>5</td><td>7</td><td>3707</td><td>毛澤東思想、鄧小平理論和「三個代表」重要思想概論</td><td>4</td></tr>
<tr><td></td><td>3</td><td>0020</td><td>高等數學（一）△</td><td>6</td><td>8</td><td>0009</td><td>政治經濟學（財經類）</td><td>6</td></tr>
<tr><td></td><td>4</td><td>4729</td><td>大學語文</td><td>4</td><td>9</td><td>0019</td><td>計算機應用基礎（實踐）</td><td>2</td></tr>
<tr><td></td><td>5</td><td>0018</td><td>計算機應用基礎</td><td>2</td><td></td><td></td><td></td><td></td></tr>
</table>

表8.3(續2)

3. 會計（B020011）：總學分77分，其中核心課程41學分，非核心課程36學分。

<table>
<tr><th rowspan="2">核心課程</th><th>序號</th><th>代碼</th><th>核心課程名稱</th><th>學分</th><th>序號</th><th>代碼</th><th>核心課程名稱</th><th>學分</th></tr>
<tr><td>1</td><td>0158</td><td>資產評估</td><td>4</td><td>5</td><td>0162</td><td>會計制度設計</td><td>5</td></tr>
<tr><td></td><td>2</td><td>0159</td><td>高級財務會計△</td><td>6</td><td>6</td><td>0150</td><td>金融理論與實務</td><td>6</td></tr>
<tr><td></td><td>3</td><td>0160</td><td>審計學</td><td>4</td><td>7</td><td>0149</td><td>國際貿易理論與實務</td><td>6</td></tr>
<tr><td></td><td>4</td><td>0161</td><td>財務報表分析（一）</td><td>5</td><td>8</td><td>0058</td><td>市場行銷學</td><td>5</td></tr>
<tr><th rowspan="2">非核心課程</th><th>序號</th><th>代碼</th><th>非核心課程名稱</th><th>學分</th><th>序號</th><th>代碼</th><th>非核心課程名稱</th><th>學分</th></tr>
<tr><td>1</td><td>0015</td><td>英語（二）△</td><td>14</td><td>6</td><td>3709</td><td>馬克思主義基本原理概論</td><td>4</td></tr>
<tr><td></td><td>2</td><td>4183</td><td>概率論與數理統計（經管類）△</td><td>8</td><td>7</td><td>0052</td><td>管理系統中計算機應用（實踐）</td><td>1</td></tr>
<tr><td></td><td>3</td><td>4184</td><td>綫性代數（經管類）</td><td>4</td><td></td><td></td><td></td><td></td></tr>
<tr><td></td><td>4</td><td>0051</td><td>管理系統中計算機應用△</td><td>3</td><td></td><td></td><td></td><td></td></tr>
<tr><td></td><td>5</td><td>3708</td><td>中國近代史綱要</td><td>2</td><td></td><td></td><td></td><td></td></tr>
</table>

表8.3(續3)

4. 工商企業管理（B020012）：總學分74分，其中核心課程42學分，非核心課程32學分。

核心課程

序號	代碼	核心課程名稱	學分	序號	代碼	核心課程名稱	學分
1	0054	管理學原理	6	5	0153	質量管理（一）	4
2	0149	國際貿易理論與實務	6	6	0150	金融理論與實務	6
3	0151	企業經營戰略	6	7	0154	企業管理諮詢	4
4	0152	組織行為學	4	8	0067	財務管理學△	6

非核心課程

序號	代碼	非核心課程名稱	學分	序號	代碼	非核心課程名稱	學分
1	0015	英語（二）△	14	6	3708	中國近代史綱要	2
2	4183	概率論與數理統計（經管類）△	8				
3	4184	線性代數（經管類）	4				
4	0051	管理系統中計算機應用△	3				
5	0052	管理系統中計算機應用（實踐）	1				

表8.3(續4)

5. (1) 行政管理學（B030011）：政治類專業畢業生總學分62分，其中核心課程41學分，非核心課程21學分。

	序號	代碼	核心課程名稱	學分	序號	代碼	核心課程名稱	學分
核心課程	1	00034	社會學概論	6	5	00318	公共政策△	4
	2	00315	當代中國政治制度	6	6	00319	行政組織理論△	4
	3	00316	西方政治制度	6	7	00320	領導科學	4
	4	00317	公務員制度	4	8	00923	行政法與行政訴訟法（一）△	7

	序號	代碼	非核心課程名稱	學分	序號	代碼	非核心課程名稱	學分
非核心課程	1	3708	中國近代史綱要	2				
	2	3709	馬克思主義基本原理概論	4				
	3	0015	英語（二）△	14				
	4	0024	普通邏輯學	4				
	5	0067	財務管理學	6				

表8.3(續5)

5. (2) 行政管理學（B030011）：非政治類專業畢業生總學分73分，其中核心課程41學分，非核心課程32學分。

	序號	代碼	核心課程名稱	學分	序號	代碼	核心課程名稱	學分
核心課程	1	00034	社會學概論	6	5	00318	公共政策	4
	2	00315	當代中國政治制度	6	6	00319	行政組織理論△	4
	3	00316	西方政治制度	6	7	00320	領導科學	4
	4	00317	公務員制度	4	8	00923	行政法與行政訴訟法（一）△	7

	序號	代碼	非核心課程名稱	學分	序號	代碼	非核心課程名稱	學分
非核心課程	1	3708	中國近代史綱要	2				
	2	3709	馬克思主義基本原理概論	4				
	3	0015	英語（二）△	14				
	4	0277	行政管理學	6				
	5	0312	政治學概論	6				

附件 2：

表 8.4　學分銀行證書兌換分值列表

序號	證書名稱	發證單位	證書類型	認證學分	自考專業名稱	備註
1	大學外語（日語）等級考試 4 級	教育部	社會考試	10		
2	大學外語（日語）等級考試 6 級	教育部	社會考試	12		
3	大學外語（日語）等級考試 8 級	教育部	社會考試	14		
4	全國大學英語等級考試三級（CET）	教育部	社會考試	7		
5	全國大學英語等級考試四級（CET）	教育部	社會考試	14		
6	全國大學英語等級考試六級（CET）	教育部	社會考試	14		

表8.4（續1）

序號	證書名稱	發證單位	證書類型	認證學分	自考專業名稱	備註
7	全國大學英語等級考試八級（CET）	教育部	社會考試	14		
8	全國計算機等級考試1級	教育部	社會考試	5		考委文件規定可頂替計算機應用基礎——5學分
9	全國計算機等級考試2級	教育部	社會考試	7		
10	全國計算機等級考試3級	教育部	社會考試	9		
11	全國計算機等級考試4級	教育部	社會考試	9		
12	全國英語等級考試1級（PETS1）	教育部	社會考試	3		
13	全國英語等級考試2級（PETS2）	教育部	社會考試	7		考委文件規定可頂替英語（一）——7學分
14	全國英語等級考試3級（PETS3）	教育部	社會考試	14		考委文件規定可頂替英語（二）——14學分

表8.4(續2)

序號	證書名稱	發證單位	證書類型	認證學分	自考專業名稱	備註
15	全國英語等級考試4級（PETS4）	教育部	社會考試	14		
16	全國英語等級考試5級（PETS5）	教育部	社會考試	14		
17	人力資源管理經理人證一級（即中級）	教育部考試中心工信部中小企業促進中心	社會考試	30		以每門課程5個學分兌換，6門課程，共30分。企業經營模擬（一），企業管理制度精要（一）；企業倫理與社會責任（一）；組織設計與招聘培訓（一）；薪酬管理與績效考核（一）；企業家精神與領導藝術（一）
18	財務管理經理人證一級（即中級）	教育部考試中心工信部中小企業促進中心	社會考試	30		以每門課程5個學分兌換，6門課程，共30分。企業經營模擬（一），企業管理制度精要（一）；企業倫理與社會責任（一）；企業會計實務（一）；企業財務報表分析（一）；中小企業投融資（一）

第八章 「學分銀行」教育管理制度 175

表8.4(續3)

序號	證書名稱	發證單位	證書類型	認證學分	自考專業名稱	備註
19	市場行銷管理經理人證一級（即中級）	教育部考試中心 工信部中小企業促進中心	社會考試	30		以每門課程5個學分兌換，6門課程，共30分。企業經營模擬（一）、企業管理制度精要（一）、企業倫理與社會責任（一）；銷售管理（一）、網路行銷與渠道管理（一）、品牌管理（一）
20	戰略管理經理人證一級（即中級）	教育部考試中心 工信部中小企業促進中心	社會考試	30		以每門課程5個學分兌換，6門課程，共30分。企業經營模擬（一）、企業管理制度精要（一）、企業倫理與社會責任（一）；企業經營風險管理概論（一）；企業戰略跨越管理（一）；企業環境經營與能源管理（一）
21	行政管理經理人證一級（即中級）	教育部考試中心 工信部中小企業促進中心	社會考試	30		以每門課程5個學分兌換，6門課程，共30分。企業經營模擬（一）、企業管理制度精要（一）、企業倫理與社會責任（一）；商務談判與合同管理（一）、企業經營法規解讀（一）、企業文化塑造（一）

表8.4(續4)

序號	證書名稱	發證單位	證書類型	認證學分	自考專業名稱	備註
22	人力資源管理經理人證一級（即高級）	教育部考試中心工信部中小企業促進中心	社會考試	30		以每門課程5個學分兌換，6門課程，共30分。企業經營模擬（二），企業管理制度精要（二），企業倫理與社會責任（二）；組織設計與招聘培訓（二）；薪酬管理與績效考核（二）；企業家精神與領導藝術（二）
23	財務管理經理人證一級（即高級）	教育部考試中心工信部中小企業促進中心	社會考試	30		以每門課程5個學分兌換，6門課程，共30分。企業經營模擬（二），企業管理制度精要（二），企業倫理與社會責任（二）；企業會計實務（二）；企業財務報表分析（二）；中小企業投融資（二）
24	市場行銷管理經理人證一級（即高級）	教育部考試中心工信部中小企業促進中心	社會考試	30		以每門課程5個學分兌換，6門課程，共30分。企業經營模擬（二），企業管理制度精要（二），企業倫理與社會責任（二）；銷售管理（二）；網路行銷與渠道管理（二）；品牌管理（二）

第八章 「學分銀行」教育管理制度 177

表8.4(續5)

序號	證書名稱	發證單位	證書類型	認證學分	自考專業名稱	備註
25	戰略管理經理人證一級（即高級）	教育部考試中心 工信部中小企業促進中心	社會考試	30		以每門課程5個學分兌換，6門課程，共30分。企業經營模擬（二）、企業管理制度精要（二）、企業倫理與社會責任（二）、經營風險管理概論（二）；企業戰略與能源管理（二）；企業環境經營跨越（二）
26	行政管理經理人證一級（即高級）	教育部考試中心 工信部中小企業促進中心	社會考試	30		以每門課程5個學分兌換，6門課程，共30分。企業經營模擬（二）、企業管理制度精要（二）、企業倫理與社會責任（二）；商務談判與合同管理（二）；企業經營法規解讀（二）；企業文化塑造
27	物流管理證書（初級）		社會考試	33		
28	物流管理證書（中級）		社會考試	30		
29	物流管理證書（高級）		社會考試	39		
30	採購與供應管理中級證		社會考試	27		

表8.4（續6）

序號	證書名稱	發證單位	證書類型	認證學分	自考專業名稱	備註
31	採購與供應管理高級證		社會考試	44		
32	會計專業技術資格初級證書	財政部	社會考試	8		
33	會計專業技術資格中級證書	財政部	社會考試	11		
34	會計專業技術資格高級證書	財政部	社會考試	14		
35	全國註冊會計師	財政部	社會考試	30		
36	一級建造師	建設部	社會考試	25		
37	全國計算機等級考試1級	教育廳	社會考試	5		
38	全國計算機等級考試2級	教育廳	社會考試	7		
39	全國計算機等級考試3級	教育廳	社會考試	9		
40	全國計算機等級考試4級	教育廳	社會考試	9		
41	思科網路工程師認證CCNA	美國思科公司	社會考試	24		

表8.4（續7）

序號	證書名稱	發證單位	證書類型	認證學分	自考專業名稱	備註
42	思科網路工程師認證CCNP	美國思科公司	社會考試	30		
43	二級建築師	全國註冊建築師管理委員會	社會考試	18		
44	一級建築師	全國註冊建築師管理委員會	社會考試	24		
45	工商管理經濟師	人力資源和社會保障部	社會考試	14		
46	企業人力資源管理師1	人力資源和社會保障部	社會考試	15		
47	企業人力資源管理師2	人力資源和社會保障部	社會考試	12		
48	企業人力資源管理師3	人力資源和社會保障部	社會考試	9		
49	企業人力資源管理師4	人力資源和社會保障部	社會考試	6		

表8.4(續8)

序號	證書名稱	發證單位	證書類型	認證學分	自考專業名稱	備註
50	統計師資格證	人力資源和社會保障部	社會考試	15		
51	行銷師1	人力資源和社會保障部	社會考試	15		
52	行銷師2	人力資源和社會保障部	社會考試	12		
53	行銷師3	人力資源和社會保障部	社會考試	9		
54	行銷師4	人力資源和社會保障部	社會考試	6		
55	計算機技術與軟件專業技術資格（水平）考試（初級資格）：程序員	人力資源與社會保障部、工業與信息化部	社會考試	9		
56	計算機技術與軟件專業技術資格（水平）考試（初級資格）：網路管理員	人力資源與社會保障部、工業與信息化部	社會考試	9		

第八章 「學分銀行」教育管理制度 181

表8.4(續9)

序號	證書名稱	發證單位	證書類型	認證學分	自考專業名稱	備註
57	計算機技術與軟件專業技術資格（水平）考試（高級資格）：網路規劃設計師	人力資源與社會保障部、工業與信息化部	社會考試	22		
58	計算機技術與軟件專業技術資格（水平）考試（中級資格）：軟件設計師	人力資源與社會保障部、工業與信息化部	社會考試	15		
59	計算機技術與軟件專業技術資格（水平）考試（中級資格）：網路工程師	人力資源與社會保障部、工業與信息化部	社會考試	15		
60	書法10級	中國書法家協會	社會考試	10		
61	書法3級	中國書法家協會	社會考試	3		
62	書法4級	中國書法家協會	社會考試	4		
63	書法5級	中國書法家協會	社會考試	5		
64	書法6級	中國書法家協會	社會考試	6		

表8.4(續10)

序號	證書名稱	發證單位	證書類型	認證學分	自考專業名稱	備註
65	書法7級	中國書法家協會	社會考試	7		
66	書法8級	中國書法家協會	社會考試	8		
67	書法9級	中國書法家協會	社會考試	9		
68	音樂10級	中國音樂家協會	社會考試	10		
69	音樂3級	中國音樂家協會	社會考試	3		
70	音樂4級	中國音樂家協會	社會考試	4		
71	音樂5級	中國音樂家協會	社會考試	5		
72	音樂6級	中國音樂家協會	社會考試	6		
73	音樂7級	中國音樂家協會	社會考試	7		
74	音樂8級	中國音樂家協會	社會考試	8		
75	音樂9級	中國音樂家協會	社會考試	9		

表8.4（續11）

序號	證書名稱	發證單位	證書類型	認證學分	自考專業名稱	備註
76	會計從業資格證書	廣西區財政廳	社會考試	6		
77	會計電算化證書	廣西區財政廳	社會考試	6		
78	中級會計師	廣西區財政廳	社會考試	10		
79	珠算證書	廣西區財政廳	社會考試	5		
80	助理會計師	廣西區財政廳	社會考試	8		
81	安全員	廣西區城鄉建設與住房建設廳	社會考試	6		
82	材料員	廣西區城鄉建設與住房建設廳	社會考試	6		
83	測量員	廣西區城鄉建設與住房建設廳	社會考試	6		
84	二級建造師	廣西區城鄉建設與住房建設廳	社會考試	10		

表8.4（續12）

序號	證書名稱	發證單位	證書類型	認證學分	自考專業名稱	備註
85	機械員	廣西區城鄉建設與住房建設廳	社會考試	6		
86	監理員	廣西區城鄉建設與住房建設廳	社會考試	6		
87	施工員	廣西區城鄉建設與住房建設廳	社會考試	6		
88	預算員	廣西區城鄉建設與住房建設廳	社會考試	6		
89	造價員	廣西區城鄉建設與住房建設廳	社會考試	10		
90	質量員	廣西區城鄉建設與住房建設廳	社會考試	6		
91	資料員	廣西區城鄉建設與住房建設廳	社會考試	6		

表8.4(續13)

序號	證書名稱	發證單位	證書類型	認證學分	自考專業名稱	備註
92	廣告設計師1	廣西區職業技能鑒定中心	社會考試	15		
93	廣告設計師2	廣西區職業技能鑒定中心	社會考試	12		
94	廣告設計師3	廣西區職業技能鑒定中心	社會考試	9		
95	廣告設計師4	廣西區職業技能鑒定中心	社會考試	6		
96	花卉園藝師1	廣西區職業技能鑒定中心	社會考試	15		
97	花卉園藝師2	廣西區職業技能鑒定中心	社會考試	12		
98	花卉園藝師3	廣西區職業技能鑒定中心	社會考試	9		

表8.4（續14）

序號	證書名稱	發證單位	證書類型	認證學分	自考專業名稱	備註
99	花卉園藝師 4	廣西區職業技能鑒定中心	社會考試	6		
100	景觀設計師 1	廣西區職業技能鑒定中心	社會考試	15		
101	景觀設計師 2	廣西區職業技能鑒定中心	社會考試	12		
102	景觀設計師 3	廣西區職業技能鑒定中心	社會考試	9		
103	景觀設計師 4	廣西區職業技能鑒定中心	社會考試	6		
104	室內裝飾設計員 1	廣西區職業技能鑒定中心	社會考試	15		
105	室內裝飾設計員 2	廣西區職業技能鑒定中心	社會考試	12		

表8.4（續15）

序號	證書名稱	發證單位	證書類型	認證學分	自考專業名稱	備註
106	室內裝飾設計員3	廣西區職業技能鑒定中心	社會考試	9		

註：在證書兌換的分值上，堅持高不就低和專業就近性原則。若屬於同一系列的證書在同一學歷層次上進行兌換，同時取得多個證書級別時，取最高級別的證書進行相應分數兌換。若獲得一證書並兌換後，再獲得另一證書，則只兌換其增量分值。如已獲得中級並兌換後再獲得高級，在兌換分數時只兌換增量分值，即高級比中級多出的分值。

广西壮族自治区高等教育自学考试委员会办公室

2013年8月16日印发

案例 5

陝西高等繼續教育學分銀行建設與運行管理辦法
（草案）

第一章　總　則

第一條　為了貫徹《國家中長期教育改革和發展規劃綱要（2012—2020年）》和《陝西省關於貫徹〈國家中長期教育改革和發展規劃綱要（2010—2020年）〉的實施意見》，加快推進陝西高等繼續教育學分銀行（以下簡稱「學分銀行」）建設，規範繼續教育的辦學行為，實現優質資源的共建共享，提升教學質量，促進高等繼續教育的健康穩步發展；加強各高等繼續教育機構之間的合作，促進學歷教育之間、學歷教育與各類非學歷教育之間的溝通，構建縱向銜接、橫向溝通的民眾終身學習的「立交橋」，推進陝西終身教育體系與學習型社會建設，制定本辦法。

第二章　學分銀行

第二條　「學分銀行」是以終身教育理念為指導，以各類繼續教育機構之間學分認定、累積和轉換的新型學習制度與教育管理制度為保障，由政府主導，面向全民的學歷教育和非學歷教育學習成果的管理與服務機構。

第三條　「學分銀行」的基本功能是：進行各類繼續教育機構之間的學習成果存儲、認定、累積和轉換，並提供學習諮詢、學分查詢和學分信用保證等公共服務。

第四條 「學分銀行」對社會成員通過正規學習、非正規學習、非正式學習所取得的學習成果提供管理與服務。學習成果包括三種類型：一是指學歷教育學習成果，包括專科、本科、研究生等各學歷教育層次學分；二是指職業培訓學習成果；三是指通過其他學習途徑獲得的學習成果。

第五條 「學分銀行」的學習成果存儲，是指將學習者通過各種方式取得的原始學習成果，經「學分銀行」審核后存儲在「學分銀行」為其開設的個人「終身學習帳戶」中的過程。

第六條 「學分銀行」的學分認定，是指根據學習者申請，將其已存儲在「學分銀行」的原始學習成果認定為「學分銀行」學歷教育學分即銀行學分的過程。

第七條 「學分銀行」的學分累積，是指學習者將「學分銀行」認定的銀行學分在個人帳戶中進行連續累積的過程。

第八條 「學分銀行」的學分轉換，是指根據學習者申請，將其相應課程的銀行學分轉換為目標機構學分的過程。

第三章 「學分銀行」建設

第九條 「學分銀行」的建設目標：

（1）建設面向陝西民眾、功能完整、合作緊密、運行規範、溝通順暢的高等繼續教育「學分銀行」；

（2）建立適應高等繼續教育發展的學習成果管理與服務中心；

（3）促進各高等繼續教育機構之間的合作，促進學歷教育之間、學歷教育與各類非學歷教育之間的溝通，構建縱向銜接、橫向溝通的民眾繼續教育乃至終身學習的「立交橋」和學習成果轉換樞紐，推進陝西終身教育體系與學習型社會建設。

第十條　「學分銀行」堅持政府主導、多方參與、互信互利、資源共享、友好合作的方針，與各普通高校的繼續教育、成人教育、網路教育學院、廣播電視大學和各獨立建制的成人高等院校以及職業培訓證書發證機構等各類教育機構建立合作聯盟，融合相關各類教育機構的資源，共同參加學分銀行的建設與運行。

第十一條　「學分銀行」按照整體設計、先易後難、分步實施、邊研究、邊試點、邊完善的原則進行建設。

第十二條　省教育廳研究制定「學分銀行」有關制度，出抬管理辦法與實施細則。各級教育行政部門應當通過制定相應規章制度，加強對「學分銀行」工作的領導，促進「學分銀行」的發展。

第十三條　建立健全由政府、用人單位和學習者共同分擔成本、多渠道籌措經費的「學分銀行」投入保障制度與機制。各級教育行政部門應將「學分銀行」建設和運行的經費納入本地的繼續教育發展基金。

第四章　組織架構

第十四條　在省政府的領導和教育廳的指導下，設立「學分銀行」管理委員會，作為「學分銀行」的最高領導機構。其主要職能是對「學分銀行」建設與運行進

行宏觀指導和管理、監督，制定和出抬有關政策，審定和發布學分認定與轉換標準，研究解決重大問題，協調各方關係。

第十五條　管理委員會下設「學分銀行」學術委員會，作為「學分銀行」的學術指導機構，其主要職能是：為「學分銀行」提供指導與諮詢。學術委員會下設學科、專業工作組，負責學分認定與轉換標準的制定和具體實施等工作。

第十六條　管理委員會下設「學分銀行」管理中心，作為「學分銀行」的工作機構，全面負責「學分銀行」的建設與運行，其主要職能包括組織學分標準規則設計、學分認證審核、學分檔案管理、學分轉換管理、信息化平臺建設與維護和對外宣傳、諮詢、協調與聯絡工作，以及相關信息發布與辦理加盟申請事宜等事務性工作。

第十七條　建設覆蓋全省的學分銀行縱橫延伸系統，在全省各地設立「學分銀行」的分部和工作站。可在首批參加學分銀行的試點院校中建立「學分銀行」分部，形成「學分銀行」的組織管理系統雛形。

第五章　加盟管理

第十八條　加盟單位要進入「學分銀行」體系，需向「學分銀行」管理中心提交加盟申請，經審核通過，簽訂加盟協議書。

第十九條　加盟單位在省教育廳主導下，按照互信、互惠、互利和友好合作的原則開展工作。

第二十條　加盟單位的權利：通過「學分銀行」進

行學習成果的轉換；將本單位各類教育的學習成果導入「學分銀行」平臺系統；派出專家參與「學分銀行」的有關工作；對「學分銀行」的建設和運行提出意見和建議。

第二十一條　加盟單位的義務：接受管理中心的業務指導和管理；建立「學分銀行」分部，配置工作人員，建立工作制度，履行分部的職責；辦理與本單位有關的學分轉換事宜；根據要求，向「學分銀行」管理中心提供有關資料；參加上級「學分銀行」組織安排的有關會議和培訓；向「學分銀行」管理中心繳納管理費。

第六章　運行管理

第二十二條　「學分銀行」是由陝西省政府及行政主管部門授權的全省唯一的高等繼續教育學習成果的評價、認證與管理機構，是按照省教育廳制定的相關制度與管理辦法進行運作、開展工作的。

第二十三條　「學分銀行」按照「權責明確、服務為主、科學管理、持續發展」的思路實行政府主導下的企業化運作。

第二十四條　通過「學分銀行」的監管制度與運行機制的建設，加大對我省高等繼續教育機構辦學和服務質量的監管力度。規範各類繼續教育機構的招生、考試、發證、收費和其他辦學行為，加大對違規違紀辦學行為的懲處力度，完善繼續教育機構准入和退出機制。

第二十五條　形成政府及教育主管部門對「學分銀行」的巡視監督網路，建立巡視工作機制和制度，進一

步推進對「學分銀行」各級分支機構的統一管理。

第二十六條　「學分銀行」接受省教育廳的指導、檢查與評估，並接受社會監督。

第二十七條　「學分銀行」的運行由「學分銀行」管理中心統一負責。「學分銀行」管理中心應建立工作檢查制度，並負責組織開展系統的常規檢查和專項檢查。

第二十八條　積極發揮區域協會、行業協會、專業學會和相關仲介機構對「學分銀行」運行的質量評價和監測作用。

第二十九條　「學分銀行」各級機構應建立規章制度，規範操作程序，嚴肅工作紀律。要不斷豐富服務內容，創新服務方式，改進服務態度，提升服務水平，提高服務效率。

第三十條　「學分銀行」的建設、運行和管理要遵守國家、陝西省有關法律和政策規定。

第七章　附則

第三十一條　本辦法自頒布之日起施行。

第三十二條　本辦法由「學分銀行」管理中心負責解釋。

以上五例是國內「學分銀行」教育制度探索與實踐的部分資料，由此可見中國目前對「學分銀行」探索與實踐的大致情況。

第五節 「學分銀行」探索與實踐的合理性、先進性判析

國際與國內對學分銀行教育管理制度的探索與實踐，從歷史唯物主義與辯證唯物主義的觀點來看都存在歷史的局限性、認識與客觀規律的差異性的「得」與「失」。在此，筆者將依據前述教育發展內在的客觀規律的認知水平，依據「學分銀行」合理性與先進性三方面標誌，對國內外「學分銀行」探索與實踐案例進行簡單判析。由於資料來源、瞭解程度及個人水平有限，也必然存在歷史的局限、認識與客觀規律的差異，下面的看法與觀點，僅為拋磚而已。

一、發達國家「學分銀行」探索與實踐的合理性與先進性判析

（一）對韓國「學分銀行制」（Academic Credit Bank System，簡稱 ACBS）探索與實踐的判析

（1）從韓國國家層面對「學分銀行」建設與推動來看，韓國政府頒布《終身教育法》；成立「韓國教育開發研究院」；明確「學分銀行」是國家認可的學位授予機構、「學分銀行」作為終身教育的推動機制。這些措施體現了上層建築對經濟基礎及生產力發展要求的主動順應與對人力資本投資、對建設學習型社會的信心與決心，

是合理與先進的經驗。

（2）從「學分銀行」對學習者個性化學習要求滿足程度來看，通過授權教育機構和學分互認，建立連接正規（學校）教育和非正規（學校）教育的網路體系；「學分銀行」向所有願意且有能力的學習者開放；學習者完全自己安排學習；學位取得對申請者不限制，對全社會的開放與服務程度相對較高，是合理與先進的。

（3）韓國教育科技部和終身教育國家研究院在專家的指導下聯合開發標準課程。標準課程是每個學科領域的綜合學習計劃，它具體描述了教學目標、課程科目、文科課程、專業課程、選修課程、學分要求、學士學位要求以及評估和質量控制等。標準課程是學術學分銀行的綱領性文件，它規定了學習者的學習內容和層次，以及一門課程結束后的預期學習目標；對多種學習途徑的認證主要是通過標準課程來實現等措施具有一定的壟斷性質，市場化、社會化程度不夠。因為標準課程、學習計劃、課程科目、評估和質量控制等都帶有統一化、標準化因素要求，與「學分銀行」教育管理制度產生的宗旨相違背，不利於學科發展與教育質量的提高。其本質原因是對學分的本質與學分標準的無限性認識不夠，因此，市場化、社會化程度不夠，顯得不夠合理與先進。

（二）對歐洲「學分轉換與累計系統」（European Credit Transfer System，簡稱 ECTS）探索與實踐的判析

（1）從歐洲「學分轉換與累計系統」構建的國際化與實施對象來看，「學分銀行」教育管理制度處於國際化

範圍的高層次。「伊拉斯莫」計劃通過大學生流動來促進交流和提高教育質量，體現出相應各國上層建築對經濟基礎及生產力發展要求的主動順應與對人力資本投資，對學習型社會建設的信心與決心，是合理與先進的經驗。

（2）「學分轉換與累計系統」尊重歐洲各國學分教育的多樣化的同時倡導交流與統一；學生、派出學校、接收學校三方簽署協議；以學生為中心的靈活的學分分配制度；用時間表示學生課業負荷量；學習效果通過提交作業、論文、網上測試等多種方式評估；在「學分轉換與累計系統」下，當學生累積夠了學位資格要求的學分數量后就可以申領學位證書；學生可以選擇接收學校或派出學校的學位等，從滿足學習者個性化學習要求的程度，以及學分取得的市場化、社會化程度都體現出較高層次水平，具有其合理與先進性。

（3）從其描述來看，學習者個性化學習要求的實現是否方便，以及相關國家成立的 48 個工作室所搭建的社會平臺服務效率與效果不得而知。

（三）對美國「學分銜接與轉移政策」（Credit Link and Transfer Policy）探索與實踐的判析

（1）國家層面的《成人教育法》《蒙代爾法》《1998—2002 年教育發展的戰略計劃》《學分銜接與轉移政策》，通過立法強調了繼續教育、終身教育的重要性，實質上是充分尊重學習者的個性化學習要求、教育公平性的合法地位，體現出美國上層建築對經濟基礎及生產力發展要求的主動順應與對人力資本投資、對建設學習

型社會的信心與決心，是合理與先進的。

（2）國家只在法律層面做一般要求，將具體的內容交由院校根據自己的需要去做，帶有典型的市場經濟的特點，這也是「小政府、大社會」理念的做法。學分銜接與轉移通過協議方式帶有明顯的市場化、社會化特點，學分轉移取決於接收院校的選擇，院校通過課程大綱或者與轉（派）出院校聯繫，將課程進行對比確定，在充分滿足學習者個性化學習需求方面較為客觀、準確，符合學分獲得的市場化、社會化要求，具有其合理與先進性。

（3）對學習者的個性化學習要求的服務是否有社會化平臺、社會化服務程度是否充分不得而知。

（四）對英國「資格與學分框架」（Qualifications and Credit Framework，簡稱QCF）探索與實踐的判析

（1）英國推出《羅賓斯報告》，指出「高等教育的課程應該向所有有能力的人開放」，並「給予學生從一所學校轉到另一所學校學習的機會」。出抬學分累積與轉換系統，發表《學分和高等教育資格：英格蘭、威爾士和北愛爾蘭的學分指南》，體現出英國上層建築對經濟基礎及生產力發展要求的主動順應與對人力資本投資、對建設學習型社會的信心與決心，是合理與先進的。

（2）構建「資格與學分框架」思路，指導教育機構運作學分累積與轉換，沒有統一的課程標準和教學大綱，由各類被認可的組織根據規範要求制定自己的標準與制度。以單元為最小的學習模塊，方便學習者學習、組合，學分可以重複折算而無須重修，還將行業培訓和非正規

學習都納入體系，為全英國學習者、學習提供者和雇主提供了一個包容、彈性、規範的資格框架。該框架中的評估單元與資格可以在最大可能的範圍內認可具有質量保證的任何領域、任何級別的學習成果。各類具有資格規範機構認可的頒證組織，可根據規範向學習者授予學分並頒證。QCF 建有功能強大的信息服務平臺，開放式的學習模塊化、單元化，方便學分累計等措施，對學習者的個性化學習要求的滿足與服務程度達到相當高的水平，具有其合理與先進性。

（3）沒有統一的課程標準和教學大綱，由各類被認可的組織根據規範要求制定自己的標準與制度。以單元為最小的學習模塊，方便學習者學習、組合，學分可以重複折算而無須重修，框架中的評估單元與資格可以在最大可能的範圍內認可具有質量保證的任何領域、任何級別的學習成果。各類具有資格規範機構認可的頒證組織，可根據規範向學習者授予學分並頒證。QCF 建有功能強大的信息服務平臺，開放式的學習模塊化，單元化，方便學分累計等措施體現出學分獲得的市場化、社會化程度都具有較高層次水平，具有其合理與先進性。

二、國內「學分銀行」探索與實踐的合理性與先進性判析

（一）對上海市終身教育「學分銀行」體系探索與實踐的判析

上海是中國教育發展水平最高的地區之一，從上海

市教育委員會主動積極探索區域性「學分銀行」，主辦和管理「學分銀行」形成「一校、一行、一院」，體現出政府、教育主管部門等上層建築對經濟基礎及生產力發展要求的主動順應與對人力資本投資、對建設學習型社會的信心與決心，是合理與先進的。

從課程的學分互認到工作經歷經驗、成績獎勵、專業技術職務、研究發明成果等範疇的開放滿足個性化學習程度來看，已經從認證的標準化過程向個性化發展，對學習者個性化學習要求的滿足與服務程度具有較高水平，具有其合理性及先進性。

從學習成果存入學分銀行（包括學歷教育、職業培訓、社區教育、老年教育等），經過「學分銀行」的認證，就可以轉化為合作高校相應課程的學分。當學分累積到一定程度時，學習者可按規定將其轉換為相應的證書和文憑看，已經具備一定的市場化、社會化因素，具有其合理性與先進性。

（二）對北京國家開放大學「學分銀行」體系探索與實踐的判析

國家開放大學獲教育部批准開展「國家繼續教育學習成果認證、累積與轉換制度的研究與實踐」項目，探索建立國家「學分銀行」制度，直接體現了國家上層建築對經濟基礎及生產力發展要求的主動順應與對人力資本投資、對建設學習型社會的信心與決心，是合理與先進的。

從對各種學習成果特別是非學歷教育證書和其他無

一定形式學習成果（如工作經歷、技術創新、獎勵、發布論文等）按照一定規則進行認定，並轉換成一定的學分來看，已經從認證的標準化過程向個性化發展，從對學習者個性化學習服務的範圍及學習資源的提供方面來看，具有其合理性與先進性。

從「學分銀行」是學習者獲取學歷文憑、職業資格證書的新渠道、自學成才的新途徑，按照一定規則，「學分銀行」根據一定的標準，對組織內部教育培訓項目進行權威認證，符合標準的可納入「學分銀行」認證培訓項目。社會成員就讀該培訓項目后，可獲得「學分銀行」學分，使該教育培訓項目更具權威性、公信力和效用等描述來看，不太合理與科學。其學分獲取的方式以自身認定為主，市場化、社會化程度較低。

(三) 對廣西大學及廣西師範大學高等教育自學考試「學分銀行」試點工作探索與實踐的判析

因為廣西大學與廣西師範大學對高等教育自學考試「學分銀行」試點工作探索與實踐涉及的範圍、類型、方法、措施等基本一致，只是自學考試範圍的專業不同而已，所以筆者將其看成同類型一併討論。

事實上，高等教育自學考試制度的建立本身就是為滿足改革開放的社會經濟發展需要，滿足學習者突破傳統學校教育在時間、空間限制的個性化學習要求而產生的。從理論方面看，該制度建立在20世紀80年代初期。中國特有的高等教育自學考試制度是最接近「學分銀行」教育管理制度宗旨本身、符合終身教育理念、學習型社

會建設要求的一種教育管理制度。就這一制度本身具有的性質而言，該制度已經是「學分銀行」教育管理制度的標準化認證的初級階段，它應該也最有理由進一步發展成為中國的「學分銀行」教育管理制度。遺憾的是，該制度缺乏對其本質的理論研究與總結，缺乏探索其發展規律的理論指導，而僅僅停留在了對學歷、文憑、教育資源不足的補償性教育階段，阻礙了其進一步發展為終身教育理念下的以滿足學習者個性化學習需求為宗旨的「學分銀行」教育管理制度。雖然高等教育自學考試自身也在應用型自學考試（社會上俗稱為「小自考」）、高職院校的銜接式自學考試方面進行過探索與實踐，但也僅僅停留在實踐階段，缺乏系統的理論總結與提升並在此基礎上對實踐進行指導。究其原因，一是考辦、考試院是行政職能部門，無專職研究的條件、職能要求，導致理論認識不到位，對其制度發展方向指引不明確。二是隨著社會對高等教育自學考試制度的認可，制度建設逐步從探索、規範到高度的集權、壟斷，逐步走向標準化、統一化（專業開考計劃、教材、考試內容、時間等）的傳統學校教育模式的思維方式，而逐步背離了滿足學習者個性化學習要求的宗旨，不利於現實社會對研究型、創新型、個性化人才的培養要求的實現。三是市場化、社會化程度差。由於標準化、統一化要求，失去了教育提供方的個體差異性及大部分教育職能，使得其關注、參與的積極性不高，逐漸失去了其初期的生命活力，而高度的集權、壟斷化使得學分獲取的市場化、社

會化程度不斷降低，逐步失去其合理性與先進性。這已是題外之言。下面是對以上兩校自考「學分銀行」的探索與實踐的判析。

（1）從《廣西壯族自治區高等教育自學考試委員會辦公室關於高等教育自學考試「學分銀行」試點工作的通知》，可看出職能部門對「學分銀行」建設的重視，而從實施細則可看出二校的重視與積極參與，直接體現了上層建築對經濟基礎及生產力發展要求的主動順應與對人力資本投資、對建設學習型社會的信心與決心，是合理與先進的。

（2）從職業資格證書、從業資格證書、執業資格證書等學習成果，兌換課程學分對學習者個性化學習要求的滿足與服務看，是對自考學分獲取高度壟斷、單一模式的突破，使其自考學分的獲取向市場化、社會化發展的探索。

（3）從學分兌換的限制以及操作系數化的做法看，仍是標準化、統一化的思維模式，顯得較初級。學分獲取的市場化、社會化程度相對較低，不太合理與先進。

（四）對《陝西高等繼續教育學分銀行建設與運行管理辦法（草案）》的判析

（1）從《陝西高等繼續教育學分銀行建設與運行管理辦法（草案）》頒布的內容來看，應該是筆者目前所見國內區域性學分銀行教育管理制度中最為全面、細緻的，最能體現上層建築對經濟基礎及生產力發展要求的主動順應，對人力資本投資、對建設學習型社會的信心

與決心的相關制度建設，是合理與先進的。

（2）從草案內容體現對學習者個性化學習盡可能服務與滿足的思想來看，是具有其合理性與先進性的。

（3）從草案內容體現出的對學分獲取的市場化與社會化要求思想來看，也是具有其合理性與先進性的。

第九章　中國特色學分銀行教育管理制度建設

　　中國特色學分銀行教育管理制度的建設是中國當代經濟社會生產力、生產關係發展的歷史客觀要求，是社會經濟增長的客觀要求，是社會人力資本投資管理的客觀要求，是建設人力資源強國的客觀要求，是中華民族偉大復興的客觀要求，是實現「中國夢」的客觀要求。

第一節　建設目標及任務

　　什麼是中國特色學分銀行教育管理制度？這應該是相對於教育發達國家的學分銀行教育管理制度建設來看的。從前面的分析可知，「學分銀行」是社會及教育發展客觀規律的必然產物，我們應該也必須清楚地認識、瞭解這些規律。不管多麼先進的事物，在引進、學習的過程中，我們必須認真探索與實踐，認清其本質，在此基礎之上我們才能明白這些教育發達國家在「學分銀行」

建設方面，哪些做法是科學合理的，是先進的；哪些做法是不科學、不合理而非先進的。知道其優劣，我們的學習就可以取其精華、去其糟粕，而不只是將國外教育發達國家的東西拿來「照葫蘆畫瓢」，只學其形，而不得其神，這是學習與借鑒。如果僅僅是學習與借鑒，就只能局限在追趕的過程中，而我們追趕的目的是趕上與超越。要通過追趕的過程實現趕上與超越的目的，必須做好兩方面工作：一是完全尊重科學規律、唯先進性是用、集先進性所長，完成趕上的任務。科學規律對任何人和社會都是客觀、公平存在的，只要全社會主動地、自覺地、完全地順應科學規律，任何國家都可能完成趕上的任務。二是結合中國社會發展實際，充分發揮自身優勢，實現超越的夢想。中國社會發展實際是中國社會發展到今天所特有的，具有其他國家不可能完全具有的特點。中國互聯網不斷地與各傳統行業的跨界深度融合，互聯、互通、共享，體現著「互聯網+」時代的歷史特徵。「天宮」空間實驗室九天攬月，「蛟龍」號五洋深海捉鱉，科學應用與技術創新呈井噴式爆發，體現出尊重規律的科學精神。世界製造業大國體現生產力發展水平與地位，人力資源大國體現出中國人力資本投資的規模與地位。這些都是中國社會發展到今天所特有的，是其他國家不可能完全具有的特點，是個性化特徵。如人力資源大國、製造業大國地位特徵是他國難以具有的，是中國社會發展實際。我們發揮好這方面優勢，實現製造業強國、人力資源強國是具有基礎和可能的。我們做到了，而別國

是難以超越的，這就是「中國夢」內涵體現的一部分。因此，在中國特色學分銀行教育管理制度建設過程中，要有跨越式建設發展的信心和決心。信心建立在對客觀規律的充分認識與尊重基礎之上，決心建立在結合中國社會發展實際、充分發揮自身優勢基礎之上。由此可以看出，我們的目標是：建設最大限度滿足中國社會發展實際要求的、能夠充分發揮自身優勢的、最先進的學分銀行教育管理制度。其任務是實現現代教育管理制度的跨越式發展。

第二節　「學分銀行」建設構架

　　學分銀行教育管理制度主要由哪些內容組成？筆者認為至少應該包含三個方面內容：一是管理機構。與其相關的管理機構怎樣設置，權責職能如何劃分，就像房屋的結構一樣，這是「學分銀行」建設的框架。二是制度建設的內容。包括政策性制度內容和管理流程性制度內容兩個層面的制度。政策性制度內容包括法律、法規、條例、規定等制度內容，這是體現上層建築順應客觀規律信心與決心的內容。流程性制度內容主要是工作內容和管理需要要求的相關內容。三是將前面兩部分有機結合起來以有效發揮其作用的管理技術，稱為管理運行機制。

一、「互聯網+」時代下的教育生態環境

信息、網路技術的發展給中國經濟、社會帶來了巨大的影響，其廣泛的應用和與各傳統行業的深度融合，標誌著「互聯網+」時代的到來，新時代下的教育生態環境已經不同於以往，這為中國特色「學分銀行」制度的建設奠定了基礎。

（一）思想、觀念環境

《國家中長期教育改革和發展規劃綱要（2010—2020年）》明確提出要借鑑國際經驗，建設有中國特色的「學分銀行」制度，滿足個人在終身發展中對學習多樣化的需求。上海、陝西等省市政府和教育行政部門已經開始對「學分銀行」制度進行探索。部分高校也在教學實踐中不斷探索「學分銀行」制度。這些實踐與探索充分顯示出全社會對學分銀行的理解與認可，這為建設有中國特色的「學分銀行」制度奠定了思想與觀念基礎。

（二）物質技術環境

新中國成立以來，特別是改革開放以來，隨著國家對教育的持續投入，中國教育事業得到了很大發展，目前在教育的各個領域基本完善了學籍或考籍管理。此外，隨著計算機、網路、信息技術的應用與發展，各種網路學習與管理平臺與教育深度融合，在線教育、網路教育等平臺為優質教育資源的共享、學習行為及結果的記錄和存儲、學籍和考籍的交流、溝通與共享提供了技術保障和條件。因此，教育自身的發展為學分銀行的建設奠

定了物質和技術基礎。

二、中國特色「學分銀行」建設構架

基於對前述客觀環境與基礎的認識，結合中國社會客觀實際，我們提出，中國特色「學分銀行」的構建應分為三個層級，第一層級為學分銀行支行，一般由各高校或辦學機構在整合其教學資源的基礎上成立。目前，在國家相關政策的引導下，部分高校進行了學分制的改造，為「學分銀行」的基礎建設做好了準備。如國家開放大學、廣西大學對「學分銀行」的探索，筆者所在的西南財經大學也承擔了探索四川省「學分銀行」建設模式的探索課題。學分銀行支行是「學分銀行」體系的基礎，其主要職能為：根據其教學實踐確定不同知識內容對應的自有學分標準，制定學分獲取和認定辦法，負責將學習者獲得的學分導入支行進行存儲，並按照學習者要求辦理學分的兌換、轉化等工作。第二層級為學分銀行省（市）分行，由區域性政府部門支持建設，其主要職能為負責相關區域內「學分銀行」的建設與發展，對區域內學分銀行支行進行管理。第三層級為學分銀行總行，由國家相關職能部門和教育部支持建設，其主要職能是負責學分銀行整體發展規劃的制定，執行國家對「學分銀行」的政策，對「學分銀行」分行及支行進行管理。

在「學分銀行」的建設過程中，學分銀行總行屬政策性銀行，側重從宏觀層面，從社會上層建築適應生產

力、生產關係發展，從社會人力資本投資、累積與管理層面對「學分銀行」建設進行管理。學分銀行支行則屬商業性銀行，側重從微觀的學習者個人的有效學習行為，人力資本的投資、累積等大量基礎的工作，包括對學習結果的學分認定、學分的兌取、學分的互換等工作。而區域性學分銀行分行的建設是「學分銀行」建設的關鍵，原因在於，它既要推動本區域學分銀行支行的發展，也要負責將本區域「學分銀行」建設情況向上一級「學分銀行」匯報，因此，區域性學分銀行分行一般由區域性政府部門來支持和建設，才能夠起到承上啓下、宏觀與微觀協調發展的作用。

第三節　「學分銀行」發展路徑與機制

「從群眾中來，到群眾中去」是歷史唯物主義的群眾觀點與辯證唯物主義認識論在實際工作中的具體運用，是中國共產黨群眾路線的領導方法和工作方法。

一、「學分銀行」的發展路徑

建設並發展有中國特色的「學分銀行」，應遵循基層探索和頂層設計相結合的原則。首先，要根據中國目前的教育生態環境，由下而上探索如何建設和發展中國特色「學分銀行」，這是認識客觀事物的必然過程，通過探索與實踐認識「學分銀行」的本質與規律。其次，在清

楚認識其本質與規律的基礎上，主動順應客觀規律要求進行頂層設計，才能保證中國特色現代教育管理制度的跨越式發展。因此，我們建議建設和發展學分銀行的具體路徑為：省市政府及教育主管部門在區域內選擇一所學分銀行發展基礎較好，具有一定代表性的高校進行學分銀行支行建設試點，並以連鎖加盟的方式，逐步推廣到其他有條件的高校。在此基礎上建立區域性質的學分銀行分行，再由區域性質的學分銀行分行總結、匯總其分行建設情況，向國家教育部提出建設意見。教育部在匯總各分行建設意見基礎上成立學分銀行總行，學分銀行總行負責統籌管理各分行及支行，通過制定相關政策由上而下地對下級銀行的建設和發展進行指導。

二、「學分銀行」的機制建設

有助於中國教育制度的優化與完善的中國特色「學分銀行」制度，符合終身教育理念，順應了「互聯網+」時代特徵與要求，符合國家建設學習型社會的要求。但是，中國特色「學分銀行」建設是一項宏大的社會工程，它不可能僅僅靠某個部門機構的努力、國家的教育投入而完成。必須建立相關的發展機制，通過持續不斷的建設與發展，才能實現其任務目標。根據國內外「學分銀行」探索和實踐經驗對其本質、規律的認知，主動順應其客觀規律要求，至少要從以下幾個方面建立應有的機制：

（一）面向社會的服務平臺機制

　　順應「互聯網+」時代特徵與要求，由社會第三方的互聯網企業逐步建立基於大數據、雲計算的「學分銀行」大型網路服務性平臺，實現並鼓勵各部門、學校、考試機構將其學習、管理平臺進行對接、溝通，將各自的人才培養方案、教學計劃或者課程內容等教育資源在「學分銀行」統一平臺上及時發布，體現互聯、互通、共享的互聯網時代精神特徵。而選擇社會第三方的互聯網企業建立「學分銀行」平臺，一是順應社會化分工對專業化要求的客觀規律，即專業的人干專業的事。二是基於對其服務的廣泛性與高效性要求。由於其技術服務性質，使其自身服務廣泛性的追求與「學分銀行」服務廣泛性追求一致，其技術的專業性是服務高效性的保證。三是社會第三方的選擇，是「學分銀行」保持市場化、社會化活力，避免形成壟斷，導致故步自封的僵化，避免既是學分價值的貢獻者又是學分價值的管理者這種類似於財務管理過程中出納與會計集於一身的制度性錯誤。而在同一平臺上通過市場化、社會化的比較作用，有利於促使教育水平與質量普遍提高，特定知識、技能內容的不同學分標準能夠較為準確、客觀、合理地趨向於學分價值本身。

　　要方便學習者根據自身個性化學習需要進行查詢、檢索，從社會層面對學習者追求優質教育資源給予盡可能的滿足，保證學習者在不同時間、空間及形式下的有效學習行為和結果，能夠方便地在「學分銀行」平臺上

得到準確有效地記錄，從技術方面對學習者的個性化學習、學習行為獲得的價值、人力資本投資提供保障。這是技術服務平臺。

在此基礎上，學分銀行總行要通過技術服務平臺逐步建立面向全社會前臺式政策服務平臺，通過前臺式政策服務平臺的建設，實現與廣大學習者的有效溝通，對個性化學習的政策支持，對下級「學分銀行」工作進行監督與管理，為中國特色「學分銀行」的建設不斷累積經驗。

(二) 學分標準的「社會共籌」機制

無論是個人還是部門、學校、考試機構等，其範圍、規模、數量等都是有限的，而學分標準具有社會性、無限性、動態性，因此，具體單位是不可能拿出一套合理完善的學分標準的，更不可能期望由某個機構、學校、部門等確定的單位制定出適應整個知識體系的學分標準。為此，我們必須尋求一種解決學分標準這個無限性問題的方法。

事實上，每一個學校、辦學機構或考試機構，都制定了有關學習知識的標準，如人才培養方案、專業計劃、教學計劃、考試計劃裡都規定了學習或考試的內容，甚至直接規定了這些知識內容的學分。它們規定學分標準的方法應該是對學習者的平均有效學習時間進行價值抽象，從而得到學習者學習課程的學分。

但是，由於學校中學習者數量的有限性，他們的平均有效學習時間並不能代表全社會學習者學習某一課程

的平均有效時間,因此,它們制定的學分標準具有局部性、有限性。另外,隨著科學技術及人類社會的發展,我們學習的知識在不斷地更新與調整,具有運動變化性。由於這些因素的原因,我們只能選擇通過互聯網較為方便地向社會各個單位「共籌」每一門課程或每一部分知識、技能的學分標準,將這些局部的、個別的同類知識的學分標準放在同一個平臺上進行公開透明的市場化、社會化比較,形成具有社會性而非局部性的學分標準,並根據知識、技能的更新而不斷更新。這種向社會的各個單位不斷地「共籌」同類課程或知識、技能的學分標準,並通過對其社會化而形成動態的社會平均標準的機制就是制定學分標準的「共籌」機制,它符合學分的本質屬性,是建設學分銀行不可或缺的組成部分。

(三)建立權責明晰的管理機制

不同層級的「學分銀行」要根據其職責行使相應的權利並履行相應的義務。各學分銀行支行要負責根據自身情況制定學分標準、學分獲取及認定辦法,將學習者的學習行為及結果存入「學分銀行」,將問題和建議匯總反饋給分行。而分行要負責對匯總的問題和建議及時地進行分析和研究,然后報告給「學分銀行」領導小組,在區域範圍內制定相關的條例及指導意見,對支行進行指導。各分行要負責將自身遇到的問題和相應的建議反饋給學分銀行總行,總行將匯總的問題和建議進行及時分析和研究后匯報給董事會,制定出相關的法律、法規對下級分行進行規範。權責明晰而有效的管理機制是

「學分銀行」正常運轉的保障。

（四）經費保障與市場利益機制

任何一項事業的發展都離不開經費的支持，「學分銀行」建設作為一項長遠的教育制度建設也不例外。相對於「學分銀行」體系的三個層級而言，處於頂層的學分銀行總行類似於中央銀行，屬於純粹的政策性銀行，承擔裁判身分職能，不應參與市場運行，其建設、運行、管理等經費應以財政性投入為保障。

學分銀行分行是第二層級，它既有一定的政策性，又有一定的商業性，故其經費保障應分為兩部分：財政投入和自身營運獲得的市場收入。為了保障其持續發展，要允許其充分參與市場，擴大其營運收入。

學分銀行支行是第三層級，它是純粹的商業銀行，要建立市場利益機制，允許其通過學分認定、學分轉換、學分兌取以及優質教育資源共享等商業性服務獲取相應的收益，作為其發展經費的主要來源。此外，仍然要對其進行財政方面的支持和管理，一方面扶持其發展壯大，另一方面要對其發展道路進行規範。

第十章 中國特色「學分銀行」制度的體驗設想

本章以中國特色「學分銀行」制度建設發展已經較為完善為前提，體驗社會環境對作為學習者的「我」在個性化學習方面的幾種假設需求進行滿足的情形。

第一節 方便的「學分銀行」開戶與學習行為結果的儲存

一、開放式實名註冊制

在「學分銀行」開戶前的「我」可能的客觀現實可以劃分為兩種情況：第一種情況是「我」在某個學習、考試組織裡進行學習的過程中，而這個學習組織又是在「學分銀行」體系內，這個學習組織統一將學習成員的信息導入「學分銀行」管理系統進行開戶，並將開戶信息告訴「我」。「我」可以通過手機、電腦等登錄「學分銀行」主頁，以身分證號為戶名、其后 8 位數字為第一次登錄密碼，進入后可自行設置個性密碼。登錄成功后，

首先要檢查自我信息是否準確，對錯誤之處進行更改、確認。其次是對導入的學習結果進行自我核對，發現錯誤的地方要提交給「學分銀行」管理系統，系統將根據「我」提交的內容與導入組織核實情況后將實際情況通知「我」並在系統內進行修正。「我」可以隨時登錄自己的帳戶查詢自己的學習結果情況與獲得學分情況。第二種情況是沒有學習組織統一將「我」的信息導入「學分銀行」管理系統進行開戶。這種情形包括「我」參加了某一個學習組織的學習，但這個學習組織不在中國特色「學分銀行」管理系統內而不能或者不願將「我」的信息導入進行統一開戶以及「我」沒有參加任何學習組織而不可能進行統一開戶的情況。在這種情況下，「我」可以通過手機、電腦等登錄「學分銀行」主頁申請開戶，以自己的身分證號為戶名，設置自己的個性化密碼，填寫並提交個人信息，通過核對確認后實現個人的「學分銀行」開戶。也就是「學分銀行」開戶是在社會環境下對身分證信息唯一要求的開放式實名註冊制。這是自主開放式實名註冊制的「學分銀行」開戶體驗。

二、學習行為結果的存儲

在已在「學分銀行」開戶的情況下，「我」的學習行為結果的存儲可以有兩條路徑。第一條路徑是捷徑，是由「我」參加的學習組織將「我」的學習行為結果直接導入「學分銀行」存入到「我」的帳戶裡，並通知「我」進行檢查核對無誤後進行確認。這種情形只有確認

環節體驗，無須贅述。第二條路徑是主要路徑，是完全由「我」自己將各種學習行為結果存入到自己的「學分銀行」帳戶。而「我」的學習行為大體上可以分為兩大類，即常規的學習行為或者叫做相對於社會的共性化學習行為以及創新性個性化學習行為。

（一）常規共性化學習行為結果存儲

常規的共性化學習行為主要是指針對那些經過一定程度的社會化、標準化要求的應用型實用性知識、技能的學習行為。

「我」通過對社會已經有學習要求、標準的應用型實用性知識、技能的學習而獲得了相應的學習結果。比如：「我」參加自學考試，其中一些課程合格，可以通過手機拍照將獲得的課程單科合格證上傳至「我」的「學分銀行」帳戶裡存儲而自己保存原件；「我」通過學習取得了計算機、英語等級考試證書，「我」通過手機拍照將獲得的等級證書上傳至「我」的「學分銀行」帳戶裡存儲而自己保存原件；「我」取得某一門MOOCs學習的證書或者參加一個學校的課程的學習，成績合格，同樣可以將MOOCs證書或學校的成績證明上傳至「我」的帳戶裡存儲而自己保存原件；甚至可以將「我」獲得的駕照、技術等級證書等，凡是通過社會共性化學習要求而取得的學習結果，都可以通過手機對取得的學習結果拍照后，將這些社會要求的共性化學習結果上傳到「我」的「學分銀行」帳戶存儲而自己保存原件。

（二）創新個性化學習行為結果存儲

創新的個性化學習行為是指沒有社會化或者是還沒有形成社會化標準要求的創新性的、個性化的學習行為。

「我」因為好奇、興趣、愛好或者工作需要等原因，查閱各種資料進行學習、思考、研究並寫出關於某個問題的研究文章，在正規期刊發表論文，在出版社公開出版編、譯、著圖書，有技術創新、專利發明等。「我」將能夠反應「我」在正規期刊發表論文的相關信息的期刊封面、目錄、論文頁面、作者等信息通過手機拍照上傳至「我」的「學分銀行」帳戶裡存儲而自己保存原件；「我」將自己在出版社公開出版編、譯、著圖書的封面、書號編碼、出版社、作者等信息通過手機拍照上傳至「我」的「學分銀行」帳戶裡存儲而自己保存樣書；「我」將自己的專利發明證書拍照上傳至「我」的「學分銀行」帳戶裡存儲而自己保存原件；「我」將自己技術創新、發明的「機器」的圖片、說明文件等證明材料上傳至「我」的「學分銀行」帳戶裡存儲；「我」將自己參加各種技能比賽獲得獎項的證書及相關說明、證明材料上傳至「我」的「學分銀行」帳戶裡存儲而自己保存相關原件。

所有這些「我」的常規共性化及創新個性化學習行為而取得的學習結果、學習勞動創造的學分價值，自己的人力資本投資累積，都能夠自主、方便地像「我」在傳統銀行的 ATM 機上存錢一樣，將其存入到「我」的「學分銀行」帳戶裡。這是自主開放式「學分銀行」的

學習行為結果存儲的體驗。

第二節　學分兌換目標查詢與學習行為結果的對比

當「我」的「學分銀行」帳戶裡存儲的學習行為結果即學分價值有一定的存量時，「我」將產生學分兌取的需求。這就像我們在銀行裡儲存了一定的貨幣就會產生購買物品的需求一樣，當這樣的需求產生時，首先面臨的問題是在銀行裡存儲的錢相對於「我」要購買的物品目標是不是夠用，這就要求「我」要統計清理自己的購買能力。在學分兌取的需求下，「我」要查詢兌換目標的價格要求。例如：當「我」產生想獲得會計本科的學歷文憑時，「我」就通過「我」的「學分銀行」帳戶進入「學分銀行」社會服務平臺，查詢能夠頒發會計本科的學歷文憑的相關機構，結果出現許多學校和自學考試機構等單位。「我」分別進入這些單位的教學計劃或者考試計劃，瞭解其要求學習完成哪些課程和總學分數，其中的哪些專業主幹課程是要求學分互認（必須學習的）的，哪些課程學分是可以轉換（可以替代的）的。如我查詢到 A 大學的會計本科教學計劃總學分要求是 90 個學分，其中專業主幹課程有：財務報表分析 4 個學分、管理會計 5 個學分、財務管理 4 個學分、審計學 4 個學分、資產評估 4 個學分，完成畢業論文 6 個學分，這 27 個學分是必修課程，只能學分互認而不能學分轉換，這是兌

換目標要求。

「我」希望兌換 A 大學的會計本科的學歷文憑，清理「我」在「學分銀行」帳戶裡存儲的學習行為結果情況為：參加自學考試管理會計、財務管理、審計學三門課程合格獲得單科合格證，在考試計劃裡，分別對應 5、4、4 學分，小計 13 個學分；在 B 大學學習了 10 門課程，小計 40 個學分，通過英語、計算機等級考試，小計 14 個學分；在 C 大學學習了財務報表分析 5 個學分，在 D 期刊發表結合自身工作的研究文章一篇，在 E 出版社公開出版編寫教材一本，取得汽車駕照 C 照。以上是「我」在「學分銀行」帳戶存儲的學習行為結果的情況。將清理結果與兌取目標 A 大學的會計本科的學歷文憑教學計劃進行對比，形成學分兌取目標與「我」在「學分銀行」帳戶存儲的學習行為結果對比表。如表 10.1 所示。

表 10.1　我帳戶　A 大學會計本科學分兌取目標與學習行為結果對比表

兌取目標要求		學分	認定學分	個性化學習行為結果	對應學分
互認學分數 27	財務報表分析	4		C 大學財務報表分析	5
	管理會計	5		管理會計	5
	財務管理	4		財務管理	4
	審計學	4		審計學	4
	資產評估	4			
	畢業論文	6			

表10.1(續)

兌取目標要求		學分	認定學分	個性化學習行為結果	對應學分
可轉換學分63	課程	對應學分		B 大學學習了 10 門課	40
	課程	對應學分		英語等級考試	8
	課程	對應學分		計算機等級考試	6
	課程	對應學分		D 期刊發表文章一篇	
	課程	對應學分		E 出版社出版教材一本	
	課程	對應學分		取得汽車駕照 C 照	
	課程	對應學分			
		小計63			
		合計90			

　　通過這個對比表，「我」發現在互認學分部分「我」還有資產評估課程、畢業論文共 10 個學分需要完成，已有的 4 門課程：財務報表分析 5 學分，參加自考的管理會計、財務管理、審計學三門課程的 13 個學分，A 大學是否認可需要明確。可轉換學分部分中的對應學分 A 大學認可程度，沒有對應學分部分的發表文章、出版編寫教材和汽車 C 照 A 大學能認可多少學分還不知道。這些問題都只有通過「學分銀行」來解決。當然，我也可以選擇查詢到的 B 大學、C 大學、D 大學等的會計本科學歷文憑，只是要按照其相應大學的要求進行學分目標對

比而已。

第三節　學分兌取要求的提出與認定

　　為了將「我」在「學分銀行」帳戶裡存儲的學分兌取 A 大學的會計本科學歷文憑的目標，必須達到 A 大學的目標要求，因此，「我」將 A 大學會計本科學分兌取目標與「我」的學習行為結果對比表通過「學分銀行」社會服務平臺上傳方式，提出請求 A 大學進行學分認定的申請。「學分銀行」根據「我」的申請，將「我」的學分存儲情況資料進行審定，形成真實、規範的學分認定材料通報 A 大學，要求在限定期限內對「我」的學分進行認定並以學分認定報告形式明確回覆「學分銀行」相應部門。相關管理人員在一定期限內將學分認定報告發送至「我」的「學分銀行」個人帳戶，告知「我」本人。上述 A 大學對「我」的學分認定結果見表 10.2。

表 10.2　　我帳戶　A 大學會計本科學分兌取目標與學習行為結果對比表

兌取目標要求		學分	認定學分	個性化學習行為結果	對應學分
互認學分數 27	財務報表分析	4	3	C 大學財務報表分析	5
	管理會計	5	5	管理會計	5
	財務管理	4	4	財務管理	4
	審計學	4	4	審計學	4
	資產評估	4			
	畢業論文	6			
可轉換學分 63	課程	對應學分	35	B 大學學習了 10 門課	40
	課程	對應學分	8	英語等級考試	8
	課程	對應學分	6	計算機等級考試	6
	課程	對應學分	4	D 期刊發表文章一篇	4
	課程	對應學分	6	E 出版社出版教材一本	6
	課程	對應學分	3	取得汽車駕照 C 照	3
	課程	對應學分			
		小計 63			
		合計 90			

　　有了上述 A 大學對「我」的學分認定的結果，便明確了「我」在「學分銀行」裡存儲學分的情況是：對 A 大學會計本科學分兌取目標的互認學分部分，我已經取

得了 16 個學分，相對於 27 個學分的要求，我還差資產評估的 4 個學分、畢業論文的 6 個學分以及財務報表分析的 1 個學分，合計 11 個學分。對可轉換學分部分，我已經取得了 62 個學分，相對於 63 個學分的要求，我還差 1 個學分。互認學分與可轉換學分兩個部分合計還差 12 個學分。針對「我」還差的 12 個學分，「我」向「學分銀行」相應部門提出諮詢：怎麼才能獲得還差的這 12 個學分。經「學分銀行」相關部門與 A 大學溝通，回覆「我」參加 A 大學的資產評估、畢業論文和會計制度設計可獲得相應的 4 個學分、6 個學分和 2 個學分。「我」參加了 A 大學的資產評估、會計制度設計和畢業論文答辯，經過一段時間的努力，獲得了相應的 12 個學分並將其存入「我」的「學分銀行」帳戶。

第四節　兌取的實現與社會認可

通過對學分帳戶的清理，與 A 大學的會計本科學歷文憑目標進行比對，「我」明確了任務，「我」繼續努力，獲得了 A 大學要求的學分。這時「我」將「學分銀行」帳戶的學分存儲結果與 A 大學的目標要求進行對比，情況如表 10.3 所示。

表 10.3　　我帳戶　A 大學會計本科學分兌取目標與學習行為結果對比表

	兌取目標要求	學分	認定學分	個性化學習行為結果	對應學分
互認學分數 27	財務報表分析	4	3	C 大學財務報表分析	5
	管理會計	5	5	管理會計	5
	財務管理	4	4	財務管理	4
	審計學	4	4	審計學	4
	資產評估	4	4	資產評估	4
	畢業論文	6	6	畢業論文答辯	6
	會計制度設計	2	2	會計制度設計	2
可轉換學分 63	課程	對應學分	35	B 大學學習了 10 門課	40
	課程	對應學分	8	英語等級考試	8
	課程	對應學分	6	計算機等級考試	6
	課程	對應學分	4	D 期刊發表文章一篇	4
	課程	對應學分	6	E 出版社出版教材一本	6
	課程	對應學分	3	取得汽車駕照 C 照	3
	課程	對應學分			
		小計 63			
		合計 90	合計 90		

這時，「我」的「學分銀行」帳戶存儲的學分情況達到了 A 大學會計本科學歷文憑的目標要求：互認學分 27，

可轉換學分63，總學分90。在此基礎上，「我」通過「學分銀行」服務平臺上傳「A大學會計本科學分兌取目標與學習行為結果對比表」並提出兌換A大學會計本科學歷文憑目標。經過審查，A大學給「我」頒發了會計本科學歷文憑和畢業證書，「我」的「學分銀行」帳戶的學習行為結果的存儲、通過學分累積和學分的兌取，得到了社會的認可。

這是作為學習者的「我」，對「學分銀行」滿足個性化學習需求的期望式體驗。

國家圖書館出版品預行編目(CIP)資料

學分銀行論 / 楊國富 等著. -- 第一版.
-- 臺北市：財經錢線文化出版：崧博發行，2018.11

面 ； 公分

ISBN 978-957-680-234-8(平裝)

1.高等教育 2.學分 3.中國

525.92　　　107017782

書　名：學分銀行論
作　者：楊國富、張瑞、高婷婷、李杰 著
發行人：黃振庭
出版者：財經錢線文化事業有限公司
發行者：崧博出版事業有限公司
E-mail：sonbookservice@gmail.com
粉絲頁　　　　　網　址：
地　址：台北市中正區延平南路六十一號五樓一室
8F.-815, No.61, Sec. 1, Chongqing S. Rd., Zhongzheng
Dist., Taipei City 100, Taiwan (R.O.C.)
電　話：(02)2370-3310　傳　真：(02) 2370-3210
總經銷：紅螞蟻圖書有限公司
地　址：台北市內湖區舊宗路二段 121 巷 19 號
電　話：02-2795-3656　傳真:02-2795-4100　網址：
印　刷 ：京峯彩色印刷有限公司（京峰數位）

　　本書版權為西南財經大學出版社所有授權崧博出版事業有限公司獨家發行電子書及繁體書繁體版。若有其他相關權利及授權需求請與本公司聯繫。

定價：450元
發行日期：2018 年 11 月第一版
◎ 本書以POD印製發行